原画／原 由美子
仕上／高谷知恵
特効／福田直征

JN002665

原画／佐野聡彦
仕上／高谷知恵
背景／吉田ひとみ
特効／福田直征
撮影／千葉洋之

原画／佐野聡彦
仕上／高谷知恵
背景／吉田ひとみ
特効／福田直征
撮影／千葉洋之

原画／原由美子
仕上／高谷知恵
背景／吉田ひとみ
特効／福田直征
撮影／千葉洋之

アニメ「魔入りました！入間くん」
オフィシャルファンブック

アニメ「魔入りました！入間くん」
オフィシャルファンブック

CONTENTS

Chapter 1
キャラクター紹介

声
村瀬 歩

魔界で生きる人間の男の子

鈴木入間《すずきいるま》

誕生日　：10月4日
使い魔　：ナベリウス・カルエゴ
得意能力：圧倒的危機回避

アホの両親に売られ、大悪魔サリバンの孫となった人間の男の子。人間にとっては危険すぎる魔界で、正体を隠して過ごしている。悪魔学校バビルスに入学した後は、順応性の高さと過酷な幼少期に培ってきた圧倒的危機回避能力を活かし、数多くの危機を乗り越えた。いまは魔界での生活にも馴染んで、オトモダチと楽しく過ごしている。

「だから、僕は全部拾いたい！ 全部をあきらめない！」

表情集

ウォルターパーク衣装　パジャ魔　冬服　私服

外出着　処刑玉砲衣装　クララのおもちゃ箱に入った入間

入間のデビきゅ～とPoint

頼みごとを断れない人のよさ！

入間はどんな頼みごとも絶対に断らない、超がつくほどのお人好し。そのせいで困難に巻き込まれることも多いが、おかげでアクドルなど貴重な姿を見られることも。友達思いでやさしいところが入間のキュートポイントだ。

収穫祭衣装

表彰式衣装

私服＋エプロン

メイド服

悪入間

悪入間表情集

ケモノ風アクドル衣装

アクドル衣装

幼少期アスモデウス衣装

悪食《あくじき》の指輪の化身　声／三木眞一郎

アリクレッド

入間がつけている「悪食の指輪」の意思が具現化した姿。入間が２（ベト）に昇進したときに自我を得て、３（ギメル）に昇進したときに意思疎通ができるようになった。お互いに「イル坊」「アリさん」と呼びあっている。

「俺ちんがいないとダメだな〜、イル坊は！」

位階３（ギメル）前の姿

入間に忠誠を誓う魔界の優等生

アスモデウス・アリス

声
木村良平

誕生日　：6月6日
使い魔　：ゴルゴンスネーク
得意能力：火炎系魔術

「13冠」のアムリリスを母に持つエリート悪魔。悪魔学校バビルスの入学前から4（ダレス）の位階にあり、折り紙つきの優等生。当初は入間に敵意を向けたが、決闘で敗れて以来、彼に忠誠を誓うようになり、「入間を魔王にすること」が目標になった。現在は「入間様」と呼び、どんなときも入間第一に動く。

表情集

ウォルターパーク衣装　**制服(ジャケットなし)**

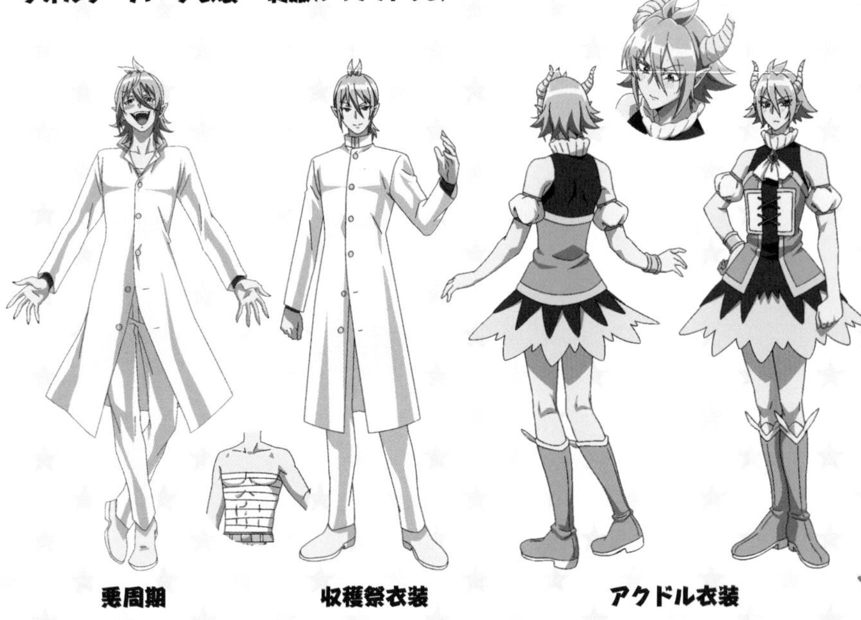

悪周期　**収穫祭衣装**　**アクドル衣装**

「私は入間様のオトモダチだ！」

アスモデウスのデビきゅ～とPoint

入間に褒められると幸せ！

普段はクールで冷静沈着なアスモデウスだが、入間が絡むと感情が顔に出てしまう。褒められたときは心からうれしそうな笑みを浮かべており、「オトモダチ」でいられることが本当に幸せのようだ。

声
朝井彩加

誕生日　：5月5日
使い魔　：ファルファル
家系能力：呼び出し《トイトイ》

天真爛漫な入間のオトモダチ

ウァラク・クララ

「きっと楽しいよ！ねっ、入間ち！」

一度見たものを召喚できる「呼び出し《トイトイ》」の魔術を使える女子悪魔。かつてはその能力を周囲に利用されていたが、見返りなしで自分に接してくれる入間と出会ってからは彼の「オトモダチ」となった。当初はイロケ度が赤ちゃん以下と言われていたが、誘惑学を勉強するなどして磨きをかけようと努力している。

デフォルメ

表情集

ウォルターパーク衣装　パジャ魔

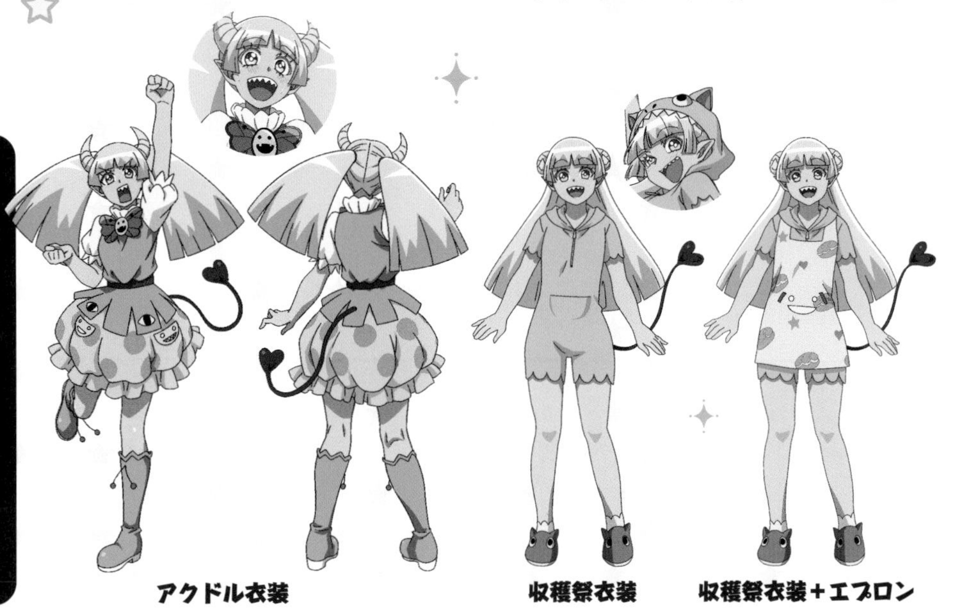

アクドル衣装　収穫祭衣装　収穫祭衣装＋エプロン

クララのデビきゅ～とPoint

家では頼れるお姉ちゃん！

大家族の長女として育ったクララは、家では幼いきょうだいの面倒を見ている。普段は天真爛漫で、クラスではみんなの妹みたいなポジションの彼女だけに、お姉ちゃんの一面を見せたときのギャップが魅力となっている。

威風堂々とした頼れる生徒会長

アザゼル・アメリ

声
早見沙織

誕生日　：3月13日
家系能力：幻想王《ロマンチスタ》

悪魔学校バビルスの生徒会長。2年生ながらにして位階は6（ヴァウ）で、圧倒的な実力とカリスマ性で生徒たちを束ねている。表向きは威風堂々としているが、少女マンガのような恋愛にあこがれ、入間に恋心を抱いている。非公式ファンクラブが存在し、その隊長であるシネルの薬でおしとやかな「乙女アメリ」状態にさせられたことも。

「野望がないなら作ればいい」

乙女アメリ表情集

表情集

乙女アメリ

ウォルターパーク衣装

私服＋エプロン

アメリのデビきゅ～とPoint

人間界の少女マンガに夢中！

人間界の少女マンガ「初恋メモリー」は、アメリの家に伝わる「禁書」だった。入間に朗読してもらったことで内容を理解し、しだいに少女マンガへのあこがれを強くする。恋に恋するアメリの乙女な一面が垣間見える。

声
小野大輔

厳しくもやさしい問題児《アブノーマル》クラスの担任
ナベリウス・カルエゴ

誕生日　：2月14日

「貴様らが使えないゴミかはたまた多少は使えるゴミかを判断する」

悪魔学校バビルスの筆頭教師で、入間たちが所属する「問題児《アブノーマル》クラス」の担任。位階は8(ケト)。常に厳粛であることを旨とするきまじめな悪魔で、プライドが高い。一方、入間の使い魔にされてしまうなど、不幸な目にあうことも。学生時代は先輩だったオペラからからかわれることも多かったようだ。

表情集

使い魔の姿

学生時代

カルエゴのデビきゅ〜とPoint

口は悪いけど生徒思い？

いつも不機嫌そうで、しばしば生徒に「ゴミ」などの辛辣な言葉をかけることもあるカルエゴ。だが生徒たちの特徴をひとり1冊ずつノートにまとめるなど、何だかんだで生徒思いだ。愛情を表に出さないところがいじらしい！

入間の祖父であり魔界三傑の一柱

サリバン

声／黒田崇矢

「我輩の、孫になってくれないか」

デフォルメ

過去のサリバン

入間のおじいちゃんとなった悪魔。孫を溺愛し、昼夜を問わず全力で甘やかしている。悪魔学校バビルスの理事長を務めており、入学式では理事長権限を使って入間に代表演説をさせた。13冠のメンバーかつ「魔界三傑」のひとりで、次期魔王候補ともささやかれるほどの実力者。だが、なぜか魔王の座につくことを避けているようだ。

表情集

沈着冷静なサリバンの執事

オペラ

声／斎賀みつき

「だからこそ、恐ろしいときほど前に出ろ。恐怖を興奮へと変えるのです」

学生時代

サリバンの側に仕え、家事から護衛まで完璧にこなす悪魔。位階は不明だが、学生時代の後輩であるカルエゴが恐怖するほどの実力者らしい。あまり感情を表に出さず、掴みどころのない悪魔だが、入間をかわいがっており、甘やかしながらもときに厳しい言葉をかけて彼の成長を促している。学生時代は謎の番長として不良たちと戦っていた。

表情集

アクドル衣装　表彰式衣装　収穫祭衣装

デビコン衣装　メイド服　ウォルターパーク衣装

問題児《アブノーマル》クラスのムードメーカー
シャックス・リード

声／山谷祥生

ギャンブルとゲームが大好きな少年。明るいお調子者で、悪魔学校バビルスでは問題児《アブノーマル》クラスのムードメーカー的な存在となっている。収穫祭では入間と組んで優勝し、「若王《じゃくおう》」となった。家系能力は、対象の五感を奪う「感覚強盗《コントローラー》」。

表情集

盗みが得意なクラスの兄貴分
アンドロ・M・ジャズ

声／柿原徹也

アンドロ家の次男。家系能力は対象が隠し持つものを見抜き、盗むための最短ルートを探る「盗見《ピット》」。指が蛇のように自在に動くことから「蛇使いの盗賊《サーペント・シーフ》」の異名を持つ。面倒見がよく、クラスでは兄貴分として頼られている。

表情集

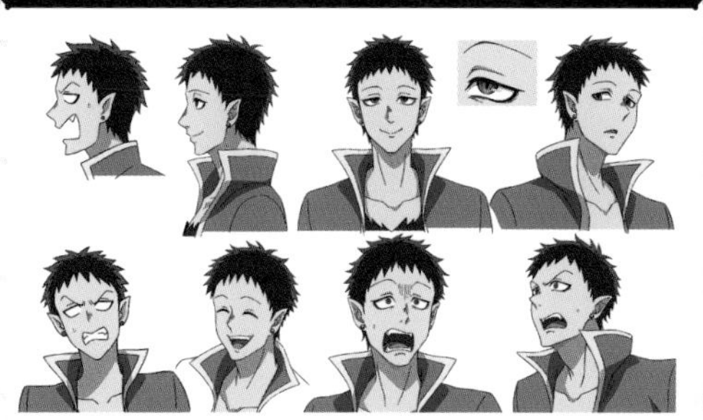

ウォルターパーク衣装　収穫祭衣装　デビコン衣装

魔王を目指す正々堂々とした男
サブノック・サブロ

声／佐藤拓也

武器を生み出す魔術を得意とするサブノック家の次男。堂々とした性格で文武両道。入学当初は「力がすべて」と思い実力行使に出たこともあったが、入間との交流を経て考えが柔らかくなった。幼いころから魔王を目指しており、入間をライバルだと思っている。

収穫祭衣装

ウォルターパーク衣装

座学なら負けない「百識の王」
アロケル・シュナイダー
声／土岐隼一

座学なら終末テストで学年1位を取るほどの優等生。魔術知識学教師のフルカスに助言できるほど広い知識を有し､「百識の王」という異名を持っている。知識だけでなく機転の利く悪魔で、収穫祭ではオロバスから終わりの鉢を奪い、入間の優勝に貢献した。

表情集

収穫祭衣装

女子にモテたいピンクマエストロ
カイム・カムイ
声／梶原岳人

「モテたい」という野望を抱く自称「華麗なる紳士《ピンクマエストロ》」。口調や振る舞いは礼儀正しく紳士的だが、上述した欲望を隠そうとしないため周りに迷惑がられることも。家系能力は言葉の通じない生物との対話を可能にする「翻訳《なかよし》」。

表情集

ウォルターパーク衣装

収穫祭衣装

普段は地味だけどじつはアクドル
クロケル・ケロリ
声／東山奈央

氷を自在に操る悪魔。学校では地味な女子だが､じつは大人気アクドル「くろむ」として活躍中。幼少期に優秀な兄や妹と比較されて劣等感を抱き、家族を見返すためアクドル活動を始めた。普段は正体バレを防ぐため、特注の「超認識阻害メガネ」をかけている。

くろむアクドル衣装

収穫祭衣装

くろむウォルターパーク衣装

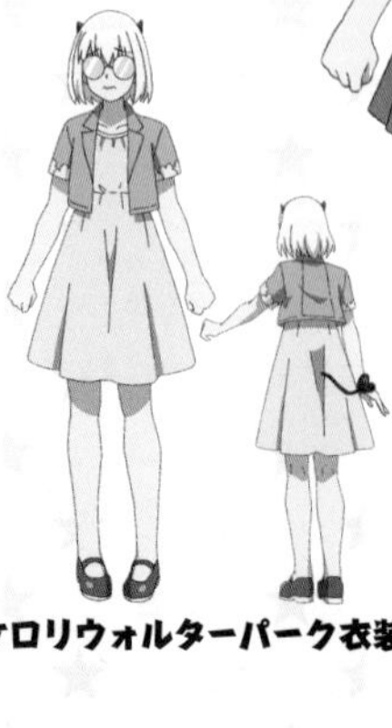

ケロリウォルターパーク衣装

表情集

すべての男性を愛する美女悪魔

イクス・エリザベッタ

声／本渡 楓

「素敵なだんな様と幸せに暮らす」という野望を持つ悪魔。性格は人懐っこく社交的。色気たっぷりの美女で、教師のライムから「魅力度89%」と高い評価を受けている。対象に好意を抱かせる香りを放つ「好感度《フルラブゲージ》」という家系能力を使える。

表情集

ウォルターパーク衣装　　収穫祭衣装

いつも寝てばかりいる男の子

アガレス・ピケロ

声／吉永拓斗

雲のような悪魔（ししょー）の上で、いつも寝そべってばかりいる悪魔。自分の寝床とみなした場所を操る「寝床《マイエリア》」という家系能力をもつ。「楽をしたい」ために全力で努力しており、ときに負けず嫌いな一面を見せることもある。

表情集

収穫祭衣装　　ウォルターパーク衣装

謎多きクラスメイト

プルソン・ソイ

問題児《アブノーマル》クラスの一員で位階は2（ベト）。これまで入間たちの活動にほとんど干渉しなかったため（？）、存在が気づかれずにいた。

表情集

仲間づくりに励むお人よしの剣士

ガープ・ゴエモン

声／大河元気

風を刃のようにして飛ばす「風太刀《かまいたち》」の家系能力を使う剣士で、鍛錬が好き。「お仲間を100人作る」という野望を持つ、お人よしの世話焼き。マイペースなピケロを放っておけず、一緒に行動することが多い。

収穫祭衣装

ウォルターパーク衣装

表情集

生徒会

アメリのカリスマ性に惚れ込み彼女を支える生徒会のメンバー。ロノウェはかつて自分が生徒会長になるべくアメリと対決したが、敗れて生徒会に迎え入れられた。

表情集

ザガン・ジョニー・ウエスタン
声／江口拓也

ロノウェ・ロミエール
声／鈴木達央

アンプシー・ナフラ
声／金澤まい

アスタロト・スモーク
声／山本希望

グシオン・サニー・グレイヴ
声／石井マーク

キマリス・キッシュライト
声／八代 拓

アミィ・キリヲ

声／逢坂良太

魔具研究師団に所属する入間の先輩。つねに悪周期の状態にある元祖返りの悪魔。幼少期に親しかった少女・ナギの絶望した表情を見て以来、他人の絶望に興奮するようになった。

囚人服

幼少期

ライム
声／山本希望

誘惑学の担当教師。対象の魅力度を測る家系能力を持つ。収穫祭前はクララとエリザベッタの特別講師を担当していた。

バルス・ロビン
声／吉永拓斗

使い魔学担当の新任教師。一度集中すると一切周りを見なくなる驚異的な集中力の持ち主。収穫祭前はリードに集中力を学ばせた。

ダンタリオン・ダリ
声／石井マーク

教師統括で、担当は魔界歴史学。温厚な性格で、おもしろいことが大好き。カルエゴの新人時代の教育係で、彼にフランクに接する。

バビルス教職員

表情集

学生時代

声／小西克幸 バラム・シチロウ

空想生物学担当教師。強面だけど心やさしく、入間が人間と知りながら彼に協力している。カルエゴとは元同級生で、いまも仲がいい。

入間の同級生たち

エイコの友達。エイコの恋路を心配そうに見守っている。強そうな見た目ながらも、魅力度63%を記録するほど女子力は高い。

収穫祭衣装

ガー子
声／森永千才

入間に危機から救われて以来、彼に恋心を抱く女子生徒。なかなかお近づきになれず、長らく陰ながら彼を見守っていた。

エイコ
声／浅見春那

収穫祭衣装

収穫祭衣装

コナツ
声／舞原由佳

ハルノ
声／三谷綾子

収穫祭衣装

戦場の英雄にあこがれている通称「ドロドロ兄弟」。本来は入間たちよりもひとつ上の学年だが、傭兵として戦場にいたため留年した。

アンドロアレフス・ニロ
声／野上 翔

アンドロアレフス・イチロ
声／熊谷健太郎

あらゆる試験で2位を総なめにし、問題児《アブノーマル》クラスに敵愾心を燃やす悪魔。収穫祭ではリードから終わりの鉢を奪い、彼らを追い詰めた。

オロバス・ココ
声／安元洋貴

よく4人で一緒に行動している女子生徒。収穫祭ではリタイアしそうになりながらもピケロとゴエモンに助けられ最終日まで残った。

収穫祭衣装

ドサンコ
声／井澤詩織

アヅキ
声／山本希望

収穫祭衣装

左：
ムルムル・ツムル

中：
イボス・イチョウ

右：
イフリート・ジン・エイト

カムカムさん
声／下嶋紘史

学内の売店の販売員。万引きをする不届き者とは竹槍を使い戦う。見た物を作れるクララと盗癖のあるジャズを売店出禁にした。

拷問学教師
マルバス・マーチ
声／中村大志

回復術教師
ブエル・ブルシェンコ
声／中村大志

占星術教師
オリアス・オズワール
声／梶原岳人

魔術基礎学教師
モラクス・モモノキ
声／朝井彩加

魔術知識学教師
フルカス
声／斎賀みつき

魔術知識学教師
モラクス
声／下嶋紘史

ストラス・スージー
声／新井里美

魔生物学の担当。「植物の母」の異名を持つ。収穫祭の舞台も彼女が用意したもの。

特別講師陣

Mr. ハット

声／岩崎征実

つねに紅茶をたしなむ紳士的な悪魔。一流の召喚士で「調教紳士」という異名を持つ。ケロリとカムイの特別講師を担当した。

ウェパル

声／國府田マリ子

かなりの泣き虫で「号泣女帝」の異名を持つ悪魔。ピケロとゴエモンの特別講師を担当し、水の魔術で作った水牢で彼らを特訓させた。

フルフル軍曹

声／谷山紀章

「智将」という異名を持つ底知れぬ悪魔。ジャズとシュナイダーの講師を担当し、彼らをもてあそび、その様子を見て楽しんだ。

表情集

過去の姿

バルバトス・バチコ

声／竹内順子

ロビン先生の従姉で、「絶望の《アンデッド・》羽喰《アーチャー》」の異名を持つ百発百中の弓の名手。入間の弓の師匠であり、彼を大切な一番弟子としてかわいがっている。

13冠

魔王（現在空席）と魔界を代表する12名の悪魔たち。サリバン、ベリアール、レディ・レヴィは「魔界三傑」と呼ばれる。バールが魔界秩序を崩壊させようと画策しており、決して一枚岩ではない。

アスタロウ

アマイモン

声／田所陽向

デフォルメ

ベリアール

声／麻生智久

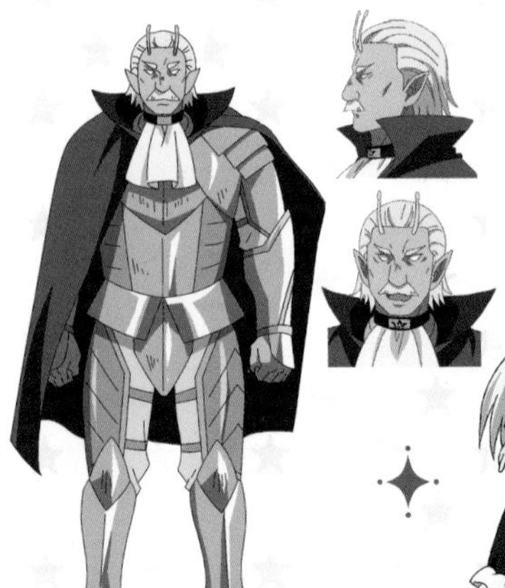

ベルゼビュート

声／上田燿司

パイモン

声／櫻庭有紗

レディ・レヴィ

声／ならはしみき

表情集

アスモデウス・アムリリス

声／かかずゆみ

アスモデウス・アリスの母親。入間が自分の秘密を教えるべきか悩んでいたときはアドバイスを送った。

オチョ

声／新 祐樹

13冠のバールに従う悪魔。収穫祭では「記憶操作」の魔術を使ってオロバスに近づき、彼を利用しながら情報収集をした。

六指衆《むさしのしゅう》

6名で構成された犯罪集団。13冠のバールやキリヲに従っており、ウォルターパークの地下にある監獄要塞に収監されたキリヲの脱獄計画に協力していた。

シーダ

声／澁谷梓希

ウエトト

声／玉野翔矢

ヒュダーリン

声／ボルケーノ太田

ミキィ

声／森永千才

アトリ

声／橘龍丸

マエマロ

声／佐久間元輝

先代魔王

デルキラ

声／三木眞一郎

数百年前から行方不明になっている先代魔王。学生時代からカリスマ的な存在で、彼のいた教室が「王の教室《ロイヤル・ワン》」だ。

表情集

アザゼル・アンリ

声／遊佐浩二

魔関署警備局の警備長。非常に厳格な悪魔で、サリバンなど目上の悪魔にも厳正に接する。だが娘のアメリには親バカな一面を見せる。

バール

声／諏訪部順一

ベヘモルト

声／ロバート・ウォーターマン

家族&関係者

右：**アスモデウス・リリー**
声／三谷綾子

左：**アスモデウス・ビオレ**
声／山本希望

ビオレが姉でリリーが妹。アスモデウス・アリスの親戚で、彼が入間に心酔し自分たちにかまってくれないことを寂しがっている。

サブノック・シルビア
声／浅見春那

サブノック・サブロの妹。活発な女の子で、身体能力が高い。何でもストレートに発言する、正直すぎるところは兄ゆずりだ。

次女
ランラン

四男
シンシン

三男
キー坊

次男
コンちー

長男
ウララ

クララの母

ウァラク家
声／朝井彩加

クララの家族たち。みんな明るく天真爛漫でクララにそっくりだが、長男のウララだけはなぜかまじめなしっかり者に育っている。

くろむのマネージャーで、バビルスの先生であるマルバス・マーチの姉。くろむの才能を信じ、ときに彼女を励ますこともある。

マル
声／篠田有香

リードの姉。玉の輿を狙っており、サリバンの孫である入間と会ったときはおめかしして色目を使った。

シャックス・シャッキー
声／山本希望

ロノウェ・ロミエールの父。魔界有数の実業家で、サリバンとは親しい間柄。ウォルターパークの支配人を務めている。

ロノウェ・ローズベルト
声／高橋広樹

ジャズの兄。盗みの腕はジャズよりも圧倒的に高い。弟のことを気にかける様子を見せることもある。

アンドロ・M・ロック
声／小西克幸

使い魔

小魔使い

いろいろな悪魔が使う小型の使い魔。カメラになったりラミネート機になったりなど、変幻自在に姿を変えて悪魔を助ける。

サブノックの使い魔
ケルピー

アスモデウスの使い魔
ゴルゴンスネーク

クララの使い魔
ファルファル

Chapter 2
第1シリーズエピソード

第1話

悪魔学校の入間くん

脚本／筆安一幸　絵コンテ／森脇真琴　演出／佐藤まさふみ

頼み事を断れない極度のお人よし少年・鈴木入間（いるま）は、ある日突然、大悪魔・サリバンに「孫になってほしい」というお願いをされた。早速溺愛され、彼が理事長を務める悪魔学校・バビルスに入学することに。人間だとバレたら食べられると思い、目立たないようにしようとするが、入学初日から全校生徒の前で禁忌呪文を唱えさせられたり、入試首席のエリート悪魔であるアスモデウス・アリスに決闘を挑まれたり。波乱の幕開けとなった。

見どころCheck!

幼いころから両親の無茶なお願いを引き受け続けてきたことで身についた、危機回避能力。それによって終始アスモデウスを翻弄した入間は、ほかの生徒をアクシデントから守りつつ勝利を収めた。

第2話

使い魔、召喚！

脚本／筆安一幸　絵コンテ・演出／辻橋綾佳

忠誠を誓ったアスモデウスを従えて、ますます注目を浴びる入間。そんな彼が次に挑むのは使い魔召喚の儀式。バビルスでもとくに厳しいと評判の教師、ナベリウス・カルエゴが担当する授業だった。入間は失敗して退学になれば人間界に帰ることができるかもしれないと期待する。だが、入間が人間だったことなどさまざまな条件が重なった結果、カルエゴを使い魔として召喚してしまい、ますます周囲から一目置かれるようになってしまった。

見どころCheck!

厳粛ないつもの佇まいから一変、かわいい姿で召喚されたカルエゴ。入間が人間だったこと、召喚に使う羊皮紙にカルエゴの印が入っていたこと。このふたつの不運によって使い魔にされてしまった。

第3話

入間とクララ／悪魔のお友達

脚本／筆安一幸　絵コンテ・演出／稲垣隆行

入間とアスモデウスが出会った変わり者の女子ウァラク・クララは、見たことがあるものなら何でも出現させられる能力を持っていた。その力を一部の心ない生徒に悪用されていたものの、無条件で仲よく遊んでくれる入間と出会い、自分を利用していた生徒たちと無事に縁を切ることができた。すっかり打ち解けた３人は、さまざまなトラブルに巻き込まれるも、そんなハプニングすら楽しめる「オトモダチ」として絆を深めていく。

見どころCheck!

悪意ある生徒のいたずらで大量の食事を押し付けられたが、入間は完食してしまった。過酷な過去の経験に基づき、食べられるときに食べるという信条によるものだが、さらに目立つ結果に……。

第4話

問題児《アブノーマル》クラス

脚本／金杉弘子　絵コンテ／三沢 伸　演出／菱川直樹

入間はアスモデウス、クララと一緒に「問題児《アブノーマル》クラス」に入ることになった。そこには札付きの問題児が集められており、とくにサブノックは目立つ入間を強烈にライバル視していた。早速始まった授業の内容は飛行レース。「囀《さえず》り谷」を通ってゴールを目指す内容だが、サブノックは最短距離でゴールするため禁止された「金剪《かなきり》の谷」のルートに挑む。一方の入間はアクシデントで「金剪《かなきり》の谷」に落ちるが、そこで金剪《かなきり》の長のヒナと仲よくなり……。

見どころCheck!

自らの流した血によって金剪《かなきり》のヒナの傷が癒え、魔界での人間の能力について疑問を持つことができた入間。どんな相手にも優しくする彼の性格がよく表れている一幕であった。

第5話 魔王を目指す者

脚本／金杉弘子　絵コンテ／森脇真琴、稲垣隆行　演出／馬引圭

金剪《かなきり》の長のヒナが入間を乗せて向かった先では、金剪の長に挑んだサブノックがボロボロになっていた。彼を助けるために長を説得する入間。そんな彼の姿を見て、サブノックは感服するのだった。レースの終了後、次々と生徒たちの位階（ランク）が決まっていくなか、入間が位階袋鳥《ランクふくろう》から授けられたのは魔力を食らう悪食《あくじき》の指輪。サブノックはその金色の指輪を見て、魔王が持つとされるソロモンの指輪を連想するのだった。

見どころCheck!

魔力を求めて、谷からバビルスに届くほどの不快な叫び声をあげ続けた悪食の指輪。サリバンの魔力を吸ったことで収まったが、カルエゴが思わず入間の腕ごと消し飛ばそうとするほどの危うさがあった。

第6話 アメリの仮説

脚本／井上美緒　絵コンテ／辻橋綾佳　演出／榎本守

入間はスージー先生の授業で、鉢植えの花を咲かせる魔法を使った。そのときに意図せず悪食の指輪に込められたサリバンの魔力を使ってしまい、巨大な桜の木を生み出してしまった。目立ちたくないという気持ちとは裏腹に、どんどん目立っていく入間。バビルス生徒会長のアザゼル・アメリは、そんな彼を人間ではないかと思うようになる。廊下で入間とぶつかったアメリは愛読する禁書（人間界の少女マンガ）を思い返し、さらに疑いを深めていく。

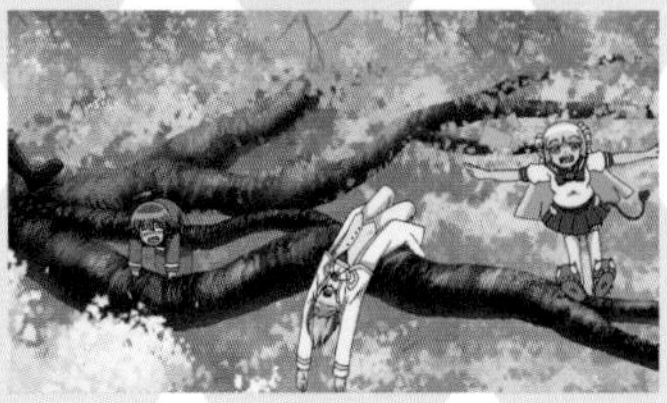

見どころCheck!

悪食の指輪とサリバンの魔力により、魔術を使えるようになった入間。そんな入間が授業で咲かせた花は桜。魔界に存在しない花で、アメリが持つ入間への人間疑惑をさらに深めるきっかけとなった。

第7話

初恋メモリー

脚本／井上美緒　絵コンテ・演出／佐藤まさふみ

廊下でアメリとぶつかった入間は、彼女が人間界の少女マンガ「初恋メモリー」を隠し持っていたのを見つけた。魔界では禁書扱いされているのだが、アメリを惹きつけてやまないものだった。入間が人間界の文字が読めることを知ったアメリは、彼の正体を突き止めるという名目でふたりきりの「初恋メモリー」朗読会を開催。一方アスモデウスとクララは、アメリと急接近する入間のことが気になって、彼を尾行するのだった……。

見どころCheck!

アメリの家に代々禁書として伝わっている少女マンガ「初恋メモリー」。アザゼル家に代々伝わる秘蔵の品で、禁書とされているものであり、入間がアシスタントをしていたマンガである。

第8話

クララにメロメロ

脚本／大島のぞむ　絵コンテ／大久保政雄　演出／中西基樹

入間が頻繁にアメリに呼び出されることがおもしろくないクララは、彼を誘惑して気持ちを自分に向かせることを決意する。サキュバス族であるライム先生の誘惑授業を受けたクララは、壊滅的な「イロケ」のなさに絶句されながらも教科書を頼りに、誘惑の練習を積み重ねた。どれだけ努力しても上手くいかないことに落ち込むが、入間から女の子として見られていることを知って元気を取り戻し、改めてメロメロにすることを誓った。

見どころCheck!

ライムの審美眼《イロケスコープ》で赤ちゃんよりピュアな「2%」というイロケ度を叩き出したクララ。改善すべく挑戦したことはすべて失敗に終わったものの、努力する姿勢からは入間に対する強い想いが感じられた。

第9話 入間の決意、高鳴る努力

脚本／加藤還一　絵コンテ・演出／辻橋綾佳

アメリと位階の昇級を目指すことを約束した入間。一週間後の昇級試験「処刑玉砲」に挑むことになるが、ほかの問題児《アブノーマル》クラスの生徒たちとの力量差を感じて特訓することを決意した。魔術に頼らず自分の力で勝負をしたい入間は、アスモデウスやクララに応援してもらいサリバン家の執事・オペラによる特訓を受けることに。最初は持ち前の危機回避能力が災いして球を避けていたが、特訓の末にオペラの投げるボールをついにキャッチ！

見どころCheck!

淡々としながらも全力で入間を指導するオペラ。クールな表情を崩すことこそないが、入間は指導されるなかで耳がピンとしていると機嫌がよく、横に垂れていると不機嫌であることに気がついた。

第10話 激闘、処刑玉砲!!

脚本／加藤還一　絵コンテ・演出／菱川直樹

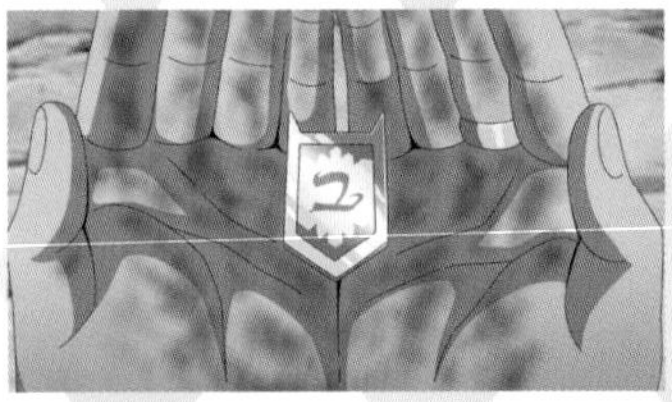

処刑玉砲当日、入間とアスモデウスはチーム分けの結果敵対することになった。入間を勝たせるべく策を練るアスモデウスだが、その間にもクラスメイトたちはそれぞれの得意な魔術を使ってゲームを進めていく。最終的に入間と一騎討ちになったアスモデウスは、わざと負けることは本気の入間に対して無礼にあたると考え、全力で戦うことを決めた。そんなアスモデウスのボールを入間は気合いと機転で投げ返し、見事に勝利を決めて昇級した。

見どころCheck!

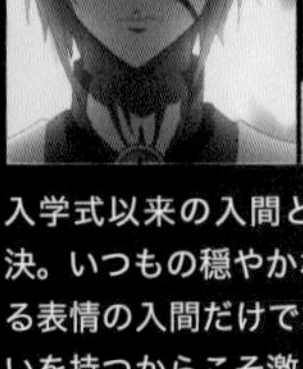

入学式以来の入間とアスモデウスの対決。いつもの穏やかな顔とは違う鬼気迫る表情の入間だけでなく、入間に強い想いを持つからこそ激しく炎を燃え上がらせるアスモデウスの姿も印象的だった。

第11話

使い魔といっしょ！／師団《バトラ》の挑戦

脚本／金杉弘子　絵コンテ・演出／佐藤まさふみ

新任教師、バルス・ロビンの初授業は使い魔との交流。入間とその使い魔のカルエゴは渋々ながらも一緒に遊んで、高評価をもらった。一方、アスモデウスとサブノックはいがみ合い、互いの使い魔を競わせようとするが、カルエゴの一喝によってなんとか収まった。その後、食堂に来た入間はランクが上がることで周囲からの扱いが大きく変わることを実感。そんな彼に、アスモデウスは位階上げの手段のひとつである師団の解説をして、入団を勧める。

見どころCheck!

お調子者のロビンとクールで厳粛なカルエゴ。正反対のふたりだが、ロビンはどれだけ叱られてもカルエゴのことを深く尊敬して慕っている。ボケとツッコミのような関係性が思わず笑いを誘う。

第12話

1年生争奪戦《ルーキーハント》!!

脚本／金杉弘子　絵コンテ／稲垣隆行　演出／東田夏実

新入生を求めて上級生が師団へと勧誘する1年生争奪戦（ルーキーハント）が始まった。優秀な新入生が次々と各師団に連れ去られるなか、入間はアスモデウス、クララとともに学内を周回。入間の指輪が突然暴走し、上級生とぶつかってしまうトラブルこそあったものの、争奪戦１日目はさまざまな師団を見学して終わった。その夜、サリバンは悪食の指輪に手を加えて魔力の調節をできるようにし、入間が安定して魔術を使えるようにしてあげたのだった。

見どころCheck!

悪食の指輪の出力が４段階に調節可能となり、気軽に呪文を使えるようになった入間。そんな入間に対し、サリバンは最大レベルのパンドルーラを使っていいのは緊急時だけだと忠告した。

第13話

魔具研究師団《バトラ》／13冠の集い《サーティーン・ディナー》

脚本／井上美緒　絵コンテ／三沢伸　演出／馬引圭

師団見学の最中、入間は偶然、以前廊下でぶつかった上級生、アミィ・キリヲと再会。彼の語る「魔力の少ない悪魔が過ごしやすい世界」に共感した入間は、アスモデウス、クララとともにキリヲが所属する魔具研究師団に入ることを決めた。同じころ、魔界有数の高位《ハイランク》階悪魔が集う13冠の集いに出席していたサリバンは、自分と同じく魔界の三傑に数えられるレヴィ、ベリアールと孫自慢。その最中、突然サリバンに人間界への不正渡航の疑いがかかる。

見どころCheck!

すぐに吐血する上級生・キリヲ。虚弱体質ながらひたむきに努力するタイプで、魔具の研究に余念がなかった。魔力の少なさというハンデを抱えるキリヲに入間は自らと似たものを感じて感情移入することに。

第14話

師団《バトラ》のお披露目

脚本／井上美緒　絵コンテ・演出／宮崎修治

人間界への不正渡航の疑いで魔関署に拘束されたサリバン。そんな事情を知らない入間は、師団披露《バトラパーティー》で花火を打ち上げるべく、魔具研究師団で準備を進めていく。泊りがけで作業し、火薬の調合に苦戦しつつも無事に小さな花火を打ち上げることに成功。師団披露《バトラパーティー》の準備が一段落したということで、枕投げなどお泊りならではのイベントを楽しんでいた。だが、その裏では、キリヲが13冠のバールと密かにある「計画」の相談をしていた……。

見どころCheck!

「初恋メモリー」を参考に、入間、アスモデウス、クララ、キリヲの4人がそれぞれの得意分野を生かして完成させた試作花火。試行錯誤の末にできたその輝きは、当日の成功を確信させるものだった。

第15話

キリヲの隠し部屋

脚本／加藤還一　絵コンテ・演出／辻橋綾佳

入間たちは花火の砲台を完成させるため、師団披露《バトラパーティー》の準備を着々と進めていた。そんななか、姿が見えないキリヲを探す入間は指輪に導かれ、バビルスの校内にある隠し部屋にたどり着いた。そこはキリヲがバビルス破壊計画を進めるために利用している部屋。その事実を伏せながら、キリヲはあらためて入間と出会えた幸運に対する喜びを語る。そんなキリヲに深く共感した入間は、師団披露《バトラパーティー》の特賞を狙うことを提案し、準備のラストスパートに入る。

見どころCheck!

「魔力がなくても師団に入れてくれたか」という入間の問いに「そら、おそろいやなぁ」と返したキリヲ。その言葉は本当に魔力を持たない入間にとって感激するもので、彼への尊敬が深まっていった。

第16話

前夜祭

脚本／加藤還一　絵コンテ／三沢伸　演出／前屋俊広

前夜祭にてアスモデウス、クララとともに各師団を見学した入間。問題児《アブノーマル》クラスの面々が所属する師団も気合の入った出し物を用意していて、楽しみながらも特賞への意気込みを新たにした。だが、いつの間にか用意していたはずの花火玉がなくなっていた。キリヲを信じて待つ入間たちだったが、バビルスの破壊を目的とするキリヲは隠し部屋で最後の準備を進めていた。そしてキリヲの全魔力を込めたバリアによって学園は閉ざされ……。

見どころCheck!

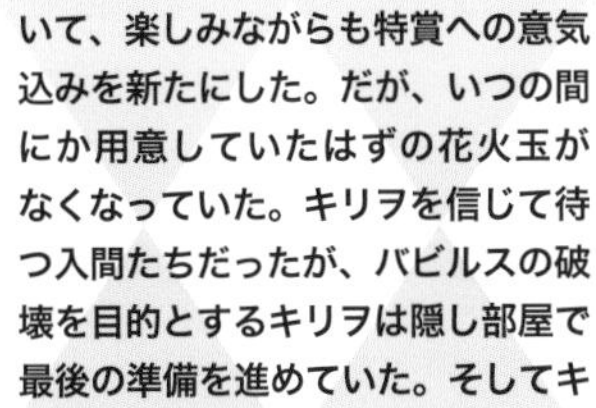

初めて入間と出会った際に見せた装置・ガブ子さん。じつはそれこそがバビルス破壊計画の要であり、キリヲは花火玉をガブ子さんの上に乗せて計画を実行に移す瞬間を待ち続けていた。

第17話 走れ入間、キリヲのもとへ！

脚本／筆安一幸　絵コンテ・演出／菱川直樹

キリヲの家系能力「断絶（バリア）」により生徒や教師たちが分断され、さらには学外と連絡が取れない。大混乱のなか、カルエゴは圧倒的な力で無理やりバリアを破壊しつつ教師陣と連携。前夜祭のイベントと偽って生徒たちを中央広場へと避難させた。一方、入間は行方不明のキリヲの身を案じて、アスモデウス、クララに協力してもらい、ひとりで彼の隠し部屋へと向かう。その動きに気づいたキリヲは、向かってくる入間を待ち構えた。

見どころCheck!

クララが家系能力で魔具研究師団の部屋にあった魔力紙兵隊をポケットから大量に出して、アスモデウスが魔力を込めることで通過可能ルートを調べる作戦を実行。ふたりの頼もしさが光った。

第18話 心から望むもの

脚本／筆安一幸　絵コンテ・演出／東田夏実

隠し部屋に到着した入間に、キリヲは魔具研究師団の花火を使ってバビルスを爆破する計画を語った。彼は人が絶望する顔を見るのを何よりの生きがいとしており、学校を爆破して多くの絶望を生み出そうとしていたのだ。爆破計画を話すことで入間が絶望する顔を見ようとしたものの、動じない入間のまっすぐな表情に動揺。一方、入間は爆発の被害をなくすため、キリヲから花火玉を奪い、指輪の魔力を全開放して空に打ち上げたのだった。

見どころCheck!

幼いころから絶望の表情に興奮する歪んだ精神を持ち合わせていたキリヲ。バールがまだ学生のときに所属していた当時の魔具研究師団を訪れた際も、凶器に物怖じすることなく頬ずりしていた。

第19話

全部拾いたい／家族との時間

脚本／大島のぞむ　絵コンテ／稲垣隆行　演出／榎本守

巨大花火の爆発によって降り注ぐ火花はサリバンによって無事に処理された。キリヲは気絶する入間に「また遊ぼう」と告げて、無抵抗のまま魔関署に連行された。気絶から目覚めてそれらを聞いた入間は、花火の打ち上げ人として全校生徒たちからの称賛を受けながら、大切なものを全部拾いたいと決意する。そして始まった師団披露《バトラパーティー》の本祭。生徒たちの家族も来て盛り上がるなか、入間もまたサリバン、オペラという家族とともに本祭をおおいに楽しんだ。

見どころCheck!

普段の入間くん大好きおじいちゃんの姿からは想像もできないほど、威圧的な雰囲気と圧倒的な力で学校を守ったサリバン。その迫力は魔界の三傑に相応しく、理事長としての風格も感じさせた。

第20話

栄えある表彰／人間の処遇

脚本／柿原優子　絵コンテ・演出／辻橋綾佳

本祭後、優秀な師団の表彰式が実施された。入間はキリヲと約束した特賞に期待を寄せるが、受賞したのはイベントを円滑に進行させた放送師団だった。落胆する入間たちだったが、直後に新たな賞「トリッキーで賞」の新設が発表。魔具研究師団が選ばれ、入間は３（ギメル）に昇級した。そんな彼のもとにやってきたのは、アメリの父であるアザゼル・アンリ。入間に人間疑惑を持つアンリは、人間界へ帰してあげることもできると語るが……。

見どころCheck!

「トリッキーで賞」を獲得した入間たちをあたたかく祝福してくれる問題児《アブノーマル》クラスの面々。ほかの生徒たちの発言にもあったが、魔具研究師団の打ち上げた花火は多くの生徒の心を揺さぶっていた。

第21話 アクドルくろむちゃん!

脚本/柿原優子　絵コンテ/三沢伸　演出/川島博明

大人気アクドル・くろむの正体は、問題児《アブノーマル》クラスの生徒、クロケル・ケロリだった。家族を見返すためにアクドルとして奮闘している彼女は、魔苦針ドームの大舞台で1日ライブを開催。だが、観客のなかに入間の姿を発見して混乱状態に。ライブが終った後に入間とふたりで話したことで、正体がバレてしまった。さらに入間が目立ちたくないと思っていることを知り、嫉妬の感情が爆発。力を暴走させて倒れてしまうのであった。

見どころCheck!

恥ずかしがり屋なケロリと、ファンをメロメロにするくろむ。一見すると別人だが、どちらも彼女の本質であり、本性。家族を見返すだけでなく、アクドルへの憧れを秘めてがんばっている魅力的な女の子だ。

第22話 キラキラの衝撃

脚本/柿原優子　絵コンテ・演出/宮崎修治

ケロリが倒れてしまったことで、くろむのライブが中止の危機に。入間はケロリが目覚めるまでの時間を稼ぐため、アスモデウス、クララとともにアクドルとして舞台に立つことを決意。前座として見事に彼女が復活するまでの時間を稼ぐことに成功した。舞台から降りようとする入間に、くろむは最後まで責任を持ってくださいと告げて、デュエットを披露。舞台は大盛況のうちに終わり、アクドル姿の入間が謎のアクドル「イルミちゃん」として話題になった。

見どころCheck!

ケロリは気づいていないが、彼女の家族はアクドルとして活躍する彼女のことをずっと応援していた。くろむとして復活してステージに立つことができたのも、家族の力があってこそだった。

第23話

馴染《なじ》みました！入間くん

脚本／筆安一幸　絵コンテ／森脇真琴　演出／中西基樹

すっかり魔界に馴染んだ入間だが、クラスメイトたちと遊ぶなかで「魔界に居続けていいのか?」と、ふと考えることに。その悩む姿を見たアスモデウスとクララは元気づけるために手料理を作ろうと考えた。最初は協力しようとしていたふたりだが、言い争いになり、クララは母直伝のレシピで、アスモデウスは独自の発想で料理対決をすることに。入間はどちらも美味しいけど一緒に食べるとますます美味しいと告げて、３人の絆がよりいっそう深まるのだった。

見どころCheck!

入間を巡って火花を散らすアスモデウスとクララ。ふたりの強い想いがひしひしと伝わってくる。言い争いをすることが多いが、最終的には肩を並べて入間の隣を歩く姿が微笑ましい。

魔界ファミリー名場面！

劇中に登場したさまざまなファミリーの形。それぞれ異なる個性があるが、共通しているのは深い絆で結ばれていること。愉快でおもしろい魔界の家族のなかからとくに目立っていた４つのファミリーをピックアップして、劇中の名場面とともにその魅力をプレイバック！

入間くんLOVEの サリバン家

入間を孫として溺愛するサリバンと、ときに厳しくときに優しく見守るオペラ。物語が進むにつれて入間もふたりを大切な存在として感じるようになり、仲良し家族になっていった。

魔関署警備長担当 アザゼル家

質実剛健で、クールな父娘のアザゼル家。大切な人のことになると冷静さが失われるところまで含めて似たもの親子だ。

魔界随一の明るさ ウァラク家

家族仲の良さだけでなく、チームワークも抜群のウァラク家。一緒に歌って踊るミュージカルちっくな演出が微笑ましい。

魔界の名門 アスモデウス家

息子を溺愛するアムリリスと、そんな母親をとにかく避けようとするアズくん。パワフルなアムリリスにたじたじだ。

いっぱい食べる入間くん

幼少期から続く修羅場を乗り越えた驚異の適応力と食欲で、魔界でもすくすくと成長している入間。悪魔たちも驚くその食べっぷりと、幸せオーラ全開な笑顔に魔入りました！

おいしいごはんで満点笑顔！

「食べられるときに食べておく」がモットーの入間。その食欲は無限大！　サリバン家の豪華な食事や、食べ放題の学食。さらには、入間のためにアスモデウスとクララが作った料理もきれいにペロリ。幸せそうな笑顔に癒やされる。

初めてのお菓子作りは波乱万丈!?

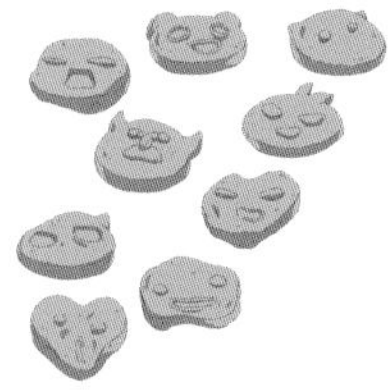

過酷な経験をしてきたので「食べられるものは無駄にしない」「全部入れて煮る」という考えの入間。そのため、アメリとのクッキー作りではバターまるごと、卵もカラごと入れてしまったことも……。思い切りのよさがすごい！

サバイバルな収穫祭もおいしく満喫

収穫祭は採った食材をポイントとして提出しなければいけなかったが、ここでもしっかりと森のおいしいものを堪能。サバイバルを生き抜くためには食べることも大事だが、食材を食べ尽くしてしまい焦る場面もあった。

Chapter 3
原作者＆スタッフインタビュー

SPECIAL INTERVIEW

入間は天使のように やさしい子という 個性を尖らせて生まれました

原作者

西修

にし・おさむ　愛知県出身。2011年にデビューし、2014年に集英社刊・ジャンプSQにて『ホテル ヘルヘイム』で初連載。2017年3月より秋田書店刊・週刊少年チャンピオンにて『魔入りました！入間くん』を連載開始。

極端に個性をつけて キャラクターを造形していく

―西先生が『魔入りました！入間くん』(以下、入間くん)を描き始めたきっかけを教えてください。

西　じつは当初『入間くん』とは別の、シリアスなお話の作品を描こうと思って準備していたのですが、アイデアが出ずうまくいかなかったんです。その反動で、明るい話を描きたいと思って何個かネタを出したなかに、「悪魔学校でがんばる人間の話」というのがありました。そのネタを秋田書店の担当編集さんが「おもしろそうですね」と言ってくださったので、具体的に設定を詰めていって、連載が決まりました。

―「悪魔学校でがんばる人間の話」というのは、以前から温めていたネタだったのですか？

西　そもそも私がマンガを好きになったのは、兄が読んでいたマンガを自分も読ませてもらっていたからなんです。その影響で少年マンガとファンタジー作品が大好きだったので、そこにルーツがあるんだと思います。自分で描く絵やマンガも昔からそういう作品が多かったですし。

―ご家族の影響が、マンガ家を目指すきっかけになったのですね。

西　そうですね。父が趣味で絵を描いていた影響もあります。でも、直接きっかけになったのは、中学生のころにマンガを描いている先輩と出会ったことかもしれません。それまではマンガを自分で描くなんて想像もつかなかったのですが、実際に描いている人を見て「なるほど、マンガを仕事にしている人がいるんだ」と認識し、将来なりたい職業の選択肢として浮かんできたんです。

―『入間くん』の舞台は、悪魔学校というファンタジックな設定です。主人公の入間を普通の人間にした理由を教えてください。

西　最初に決めた作品のコンセプトが、「悪魔学校に天使のような少年が舞い降りる」というものでした。主人公は悪魔という概念の逆を突いて、ひたすらやさしい子にしようという発想から、入間の設定を考えました。「頼みごとを絶対に断れない」という入間の性格は、徹底的にやさしい子にしようと考えていたところから、自然と生まれました。

―入間は本当に頼みごとを絶対断らないですよね。

西　私はキャラクターを作るときは、極端なほうがマンガのなかで個性を出しやすいと思っています。たとえば「弱気な子」というキャラクターの設定を考えるなら「1日50回くらいカツアゲにあう」とか、それくらい極端にします。だから入間の「やさしい」も一点突破でキャラクター造形を考えていきました。

―入間はアニメ第3シリーズ第12話で「僕は魔界で生きてやる」と決意を固めました。あのシーンは原作でも、大きな節目として考えられていたのですか？

西　「収穫祭」のエピソードは、入間の死生観の変化や彼がこれから魔界で生きていくという決意を描きたくて始めました。それまで極端にやさしかった入間が〝わがまま〟になる第一歩となったので、私としては魔界における入間の物語の本当の始まりだと思っています。アニメでは入間の決意のシーンをすばらしく印象的な形で描いてくださったので、スタッフの皆さんには感謝しています。

―本作はキャラクターがとても多いですが、入間以外のキャラクターは最初にどの程度まで考えられていたのでしょうか？

西　もちろん連載開始前からある程度考えていました。ですが週刊連載って生き物なので、事前の想定どおりにキャラクターを登場させることって意外と難しいんです。あと話の流れで実際に「キャラクターと対話」をしているうちに、その子が何を大事にしているか、どんな行動を取るかが変わることもあるんです。

―実際にキャラクターを動かしてみたときに、事前の想定から変化が起こるということですね。

西　たとえばケロリは、最初は「恥ずかしがりな女子生徒」という設定だけしかなかったんです。でも連載を進めていくうちに、それだけだと個性が立たないと思い「アクドル」という設定を加え、そこから気弱に見えるけどじつは芯が強く「家族を見返したい」という野望を持っている……となっていきました。ほかにも当初想定していなかったキャラクターはたくさんいます。

―連載を続けていて、「この作品はいける」と手応えを感じたのは、どのタイミングでしたか？

西　コミックス第4巻に収録されている「師団披露《バトラパーティー》」のエピソードあたりですね。キリヲは『入間くん』に登場する初めての純粋な悪役キャラクターで、彼の登場はこの作品がただ楽しいことをやるだけじゃないと、読者の皆さんに見せるという意味合いがありました。皆さんがキリヲを受け入れてくださったことで、「第5巻以降の話も楽しく描けそうだな」と手応えを感じました。

アニメも『入間くん』の大切な要素のひとつ！

―アニメ化の話を最初に聞いたときは、どんなお気持ちでしたか？

西　アニメ化なんて自分には無縁だと思っていましたので、うれしい気持ちと驚きの半々でした。何よりNHKで放送予定と聞いたときは、「キリヲを出して大丈夫なのかな……？」とも思ってしまいました(笑)。でもNHKの方が「大丈夫です」とおっしゃってくださり、私のやりたいことをすべて汲み取ってくださったので、とてもうれしかったです。

―先生はアニメ制作には、どの程度関わられていたのですか？

西　基本的にはアニメスタッフの皆さんにお任せでしたが、キャラクターの身長や服・髪の色などの資料はお渡ししました。身長は詳細には決めていませんでしたが、誰が誰よりも高いという設定は決めていたんです。ただアニメだと、厳密に身長どおりに描くと同じ画面に複数のキャラクターが収まらない場合があるので、あくまで目安にしています。背景設定については、アニメ化にあたって詳細に決めていただいたので、むしろ私のほうが逆輸入させていただいています。

――西先生から、アニメスタッフの皆さんに何かオーダーは出されたのでしょうか。

西　私からお願いしたのは、キャラクター同士の距離感を大切にしてほしいということです。とくに入間は、セリフがきつい感じにならないよう、徹底的にやさしくしてほしいとお願いしました。いまはアニメスタッフの皆さんが、キャラクターの動かし方をわかってくださっているので、私からお願いすることはほとんどなくなりました。むしろ私よりもスタッフの皆さんのほうがうまく動かせていると思うキャラクターもいるくらいで、本当に信頼しています。

――入間たちの声については、原作を描いている段階である程度イメージしていたのですか？

西　正直、描いているときは全員私の声で再生されちゃうんですよ。声が高い、低いくらいしかイメージがなかったので、声優さんに演じていただいた声を初めて聴いたときは「これが正解なんだ」と思いました。以前入間役の村瀬歩さん、クララ役の朝井彩加さんとおしゃべりする機会があり、おふたりとも自分の演じているキャラクターをキャッチする力が強いなと感じました。クララの明るさは朝井さんにしか出せないと思いますし、男の子なのに女子アイドルの声が出せるのは村瀬さんしかいないなと（笑）。すばらしい声優さんたちに演じていただけて、本当にうれしいです。

――声がついたことで印象が変わったキャラクターはいましたか？

西　リードですかね。山谷祥生さんの声がついたことで、より「普通の学生感」が増した気がします。リードは問題児《アブノーマル》クラスのなかで、一番読者に近い視点を持つキャラクターとして置いています。そのため「収穫祭」のエピソードでは、入間のそばに置いたら驚き役になってくれるかなと思い、入間と組ませました。アニメでは山谷さんがいい感じにリアクションを演じてくださっていて、うれしかったです。

――アニメ化されている範囲のエピソードで、一番楽しく描けてたなと思う原作のエピソードは？

西　コミックス第7巻、アニメだと第2シリーズの悪入間が出てくるエピソードです。入間の性格が変わるエピソードは、連載開始当初からやりたかったのですが、ある程度物語が進まないとできないと思いずっと温めていたんです。主人公の見た目が変わるのも個人的にはおもしろくて、ノリノリで描いていました。

――では描くのが大変だったエピソードは？

西　ウォルターパークや収穫祭など、登場人物が多くバトル中心のエピソードは大変でした。とくにウォルターパークのときは、これまで『入間くん』ではやってこなかったガッツリとしたバトルを初めて描いたので、本当に大変でした。人物だけじゃなく、周りの物が壊れるところも描かなくてはならないので。

――第3シリーズは、入間がアスモデウスやクララに人間だと告白しないという決断をして終わりましたね。

西　私も入間の気持ちになって、アスモデウスやクララと今後どんなふうに接すればいいのか、一生懸命考えました。でもアスモデウスやクララにとって、入間が悪魔か人間かなんて、もう関係ないのかもしれません。3人の関係はかなり進んできているなと、描きながら感じていました。

――ちなみにアニメで放送されているなかで、西先生が「キュートだな」と思ったエピソードは？

西　第2シリーズ第11話の女子会エピソードは、女子悪魔たちの本音がみんな出ていて、とってもキュートなエピソードでした。アニメでは原作よりもさらにカオスな状況が作られていて、でも女子たちみんなの表情がキラキラしている。そんなところが素敵だなと思いました。

――最後に読者の皆さんにメッセージをお願いします。

西　原作に寄り添ったアニメを作ってくださり、スタッフの皆さんには本当に感謝しています。原作を好きでいてくださるファンの方も、アニメにはきっと満足できる部分がいっぱいあるのではないでしょうか。私はアニメも『入間くん』のひとつだと思っていますので、ファンの方にとっても大切なものであったらうれしいです。

西修が選ぶアニメ名シーン

最終回の入間とアズ、クララの３人で腕を組んで歩いていくカットが、『入間くん』という作品を表しているシーンだと思いました。「キレイだな」と思いましたし、ああいうカットを最終回に入れてくださったのはうれしかったです。

シリーズを通して入間の「欲」が出てくる部分を多めに描いていただけて、すごく印象深かったです。そんな中でも、第11話の「ガールズトーク」のエピソードが好きなんですよね。かわいくて印象に残るお話でした。

第12話で入間が「僕は魔界で生きてやる」と決意したシーンがよかったです。作品的にもすごく大事なシーンですし、映像を観てスタッフの皆さんがかなり気合を入れてくださっていたのが伝わりました。

STAFF INTERVIEW

入間くんの「魔界」とは私たちを自由にしてくれる場所です

監督

森脇真琴

もりわき・まこと　北海道出身。アニメ監督・演出家。ほかの監督作は『プリパラ』『B-PROJECT～絶頂＊エモーション～』など。

魔界という自由になれる舞台を生かした作品づくり

――原作コミックスを読んだ際に感じた作品への第一印象や、作品の魅力について教えてください。

森脇　読んですぐに好きになりました。とっつきにくいマンガもありますが、本作はとても読みやすくすぐに世界に入っていけました。物語が進むにつれて、これは大変な作品なのではないかと思うことしばしばです。

――大変な作品というのは？

森脇　魔界だからいろんな逆転が起こります。人間界が舞台だったらできないことが目白押しで。生徒に罰を与えることもありますし、収穫祭では死傷者も出ていたそうだし（笑）。イロケ授業はあるわ、騙しも認められている。先生たちが責任感をもって先生をしているし。たとえば人間界が舞台だったら、いまどきの教師はどこか態度がナナメでないと現実味がなくなってしまうでしょう。ほかにも和室や畳部屋がある。海外販売を考えているアニメでは畳などはNGで、無国籍にするのがトレンドですが、魔界だからそれも許される。舞台を魔界にするだけで「まとも」さが回復し、ほかでも自由になれる。これはひとつの発明です。

――確かにそうですね。

森脇　ほかにも細かい部分で逆転して自由になれる点が数多あり、それがことごとく魔界の設定に無理なくオセロのようにひっくり返って嵌まっていく。まるでそれが本来の姿だったとでもいうように。入間くんの「魔界」とは、私たちを自由にしてくれる場所です。その分、現実世界が窮屈すぎるということを照らしてくれる鏡です。

――「魔界らしさ」を表現するため、色遣いや音楽などどんなオーダーをされたのですか？

森脇　人間界とは違うもの、どこのものとも違うもの、聴けば一瞬で『入間くん』と分かるものを希求しました。

――アニメ化するにあたり「こんな映像にしよう」と意識していたことは？

森脇　男子向けの作品なので、それまでやってみたかったけどあまり機会のなかった表現ができてうれしかったです。制作のなかで西先生とは常時やりとりしており、その中で「さすが原作」と思わされることが多いです。当たり前ですが（笑）。

――本作は友情や勉強することの大切さなど、視聴者に教訓的なものを伝える作品という側面もある印象です。コメディのなかにそういった要素を詰め込んでいくことは、作品づくりの中で意識されているのですか？

森脇　先にもお話をしましたが、お話の中でくりかえしダイナミックに回復していく「まとも」さを見るのが楽しいと思って作っていました。

――森脇監督から見た入間への印象は？　また彼の主人公としての魅力は、どんな部分だと思いますか？

森脇　入間くんは自分が好きになった初めてのタイプの男子です。自分でも困惑していて、うまくまとまりません。ほかの媒体でも語りましたが、自分が知ってるどのキャラにも似てません。作品の中で一番好きなキャラと言わざるをえません。

――入間は「悪入間」や「イルミ」という違う顔を見せることもあります。それぞれの印象や、動かしていたときに意識していたことを教えてください。

森脇　やってて楽しかったです。やっぱりキャラ変は面白い。特筆すべきなのは、入間役の村瀬歩さんの演技です。悪入間、イルミ、第3シリーズ第12話のガチ泣き入間、第3シリーズ第15話のニセ入間。すべてを完璧に演じ分けるのをこの目で見られたのが感動でした。

――入間を取り巻くアスモデウス、クララ、アメリ、カルエゴについても、それぞれの印象を教えてください。

森脇　アスモデウスは入間が好きすぎ

森脇真琴が選ぶ名シーン

スタッフの皆さんが精魂込めて作った映像、全部が見どころです！

（笑）。クララは自由にやってきたけど弟妹が生まれてから長女になったので……。今は学園が思いっきり自由になれる場所なんだよね、と思います。アメリは体がでかい女。それは女神の彫像が動くが如しです。カルエゴはいい先生です。私もこんな先生に教わりたかった。

——監督が個人的に動かしていておもしろいと思うキャラクターは？

森脇　クララとサブノックです。クララは自由だから。サブノックは単純で分かりやすいからですね。

——原作コミックスにある「スキ魔」はアニメでもミニコーナーとして入っていますが、制作時に意識していることを教えてください。

森脇　アニメにも「スキ魔」を入れようって、自然になっていましたね。「スキ魔」は本編とは違ってＦｌａｓｈアニメ的に作ることにしてます。

——第1シリーズと第2シリーズの最終話ED「悪魔学校バビルス校歌」は西先生が作詞を担当された楽曲です。収録の際の思い出を教えてください。

森脇　悪魔学校の校歌は元気がいいにかぎります。校歌はまとまった人数で特別な日をもうけて、みんなで歌って録りました。私も歌ってます。そしてなんと、西修先生も！

——最後に読者の皆さんにメッセージをお願いします。

森脇　「入間くん」を追っていて損はありませんぜ。これからもさらに面白い展開が待っていることを約束します。

STAFF INTERVIEW

シリーズの序盤および終盤は入間とアスモデウス、クララの話にしています

シリーズ構成

筆安一幸

ふでやす・かずゆき　石川県出身。アニメーション脚本家。シリーズ構成としての参加作はほかに『Do It Yourself!! -どぅー・いっと・ゆあせるふ-』『邪神ちゃんドロップキック』など。

各話のまとまりを考慮し全体の話を構成する

――原作を読んだ時の感想を教えてください。

筆安　たくさんの魅力的なキャラクターと、勢いのある線で描かれた物語が、どこか懐かしさも感じるような、ザ・少年マンガ、という感じで、これは面白いアニメになるだろうと思いました。少年チャンピオンといえば、手塚治虫の『ブラック・ジャック』や立原あゆみの『本気《マジ》！』というイメージでしたが（古い……？）、今では少年チャンピオンといえば、『入間くん』！　「西修（あ、おさむ繋がりだ）」！　というほどの看板作品、看板作家になっており、本当に「まいりました！」という感じです（敬称略）。

――映像をご覧になって、どんなところが魅力だと感じていますか。

筆安　テンポよく、テンション高く、元気が出るフィルムだと思います。シリアスからコミカルまでメリハリのある作画と、役者さんの演技も相まって、見ていて非常に楽しいのではないでしょうか。老若男女を問わず、数年後でも、古びずに見ていただければうれしいです。

――原作の西修先生や森脇監督との打ち合わせで印象に残っていることは？

筆安　西修先生からは、非常におおらかに基本的にはおまかせいただいた（と、勝手に思っている）ので、『入間くん』の名に恥じない脚本を書かなければと、気を引き締めました。森脇監督とは、何度もご一緒しておりツーカーなので（と勝手に思っている）、互いの意思疎通がしやすく、ああ、こうしたいんですね、ああ、そっちですね、ああ、わかりました、と、話が早かったです。少なくとも構成・脚本段階では、とくに揉めることもなく、和気あいあいと進めることができました。

――原作と比べてエピソードの順番が前後していることもありますが、全体の構成をつくる際はどんなことを考えているのですか？

筆安　エピソードをシャッフルしているという意識は特にないのですが、アニメでは全体話数および、各話の時間が厳格に決まっていますので、その限られた話数の中で、どんな軸を通すか、各話のまとまりはどうか、次へのひきはどうか、クライマックスに何を描くか……などを検討し、実際にオンエアされた形になりました。現実的な事情を付け加えるなら、役者さんの数が多すぎると音響費が大変になりますので、その話数内でひと言しかしゃべらないキャラクターがいるなら、セリフをナシにしよう……などという世知辛い判断も、たまにはありました。

――第1から第3シリーズでそれぞれ、シリーズ構成をする際に考えていたこと・コンセプトを教えてください。

筆安　第1シリーズは入間をはじめとする問題児《アブノーマル》クラスの生徒たちや、理事長やオペラ、バビルスの先生たちのキャラクターをしっかり見せることに注意を払いました。その上で、入間の終生の（なのかな？）ライバルとなるキリヲとのエピソードをシリーズの山場として描きました。第1シリーズに限りませんが、なるべくシリーズの序盤および、終盤は、入間、アスモデウス、クララのエピソードとするようにしています。

第2シリーズは山場をウォルターパークにし、派手で（しかも作画カロリーが高い！）アクションが多くなるので、アクションを凝縮して密度をぎゅぎゅっと高めつつ、前後には少々ゆるめのエピソードを配置するなど、メリハリを意識しました。また、サリバン邸にアスモデウスとクララを招くオリジナルエピソードや、カルエゴ先生が問題児《アブノーマル》クラスの生徒の家庭訪問をするシーンを膨らませるなど、原作を読んでいる方も初めて見るエピソードを描くことができました。

第3シリーズは最初から収穫祭がメインエピソードになるのはわかっていましたので、収穫祭編として考えました。バチコなどの新キャラも登場しつつ、基本的には入間たち問題児《アブノーマル》クラスの面々が大活躍するシリーズです。ただ、入間とアスモデウスとクララが別々に行動することが多く、トリオ感が前2シリーズと比べて薄くなりがちですので、できるだけトリオ感は忘れずに、強調できればと気をつけました。

――筆安さんからご覧になった入間の印象は？

筆安　打たれ強さとめげなさ、負けない心と、適応性、生存能力の高さが

素晴らしいですね。そして相手が悪魔だろうとなんだろうと、すんなりと受け入れる。鷹揚というか、寛容というか、恐ろしいまでの大きい器を持っていて、それが魅力に繋がっているのだと思います。

――アスモデウス、クララ、アメリ、カルエゴの印象をそれぞれ教えてください。

筆安　アスモデウスは入間に対する圧倒的な服従感が最高ですね。すべては入間のために。そして入間に影響され、知らず知らず問題児《アブノーマル》クラスのほかの生徒たちにも馴染んでいく姿。ときどき間の抜けたところを見せるのも面白いです。クララは勢いがあり、突拍子もない行動をとったりもしつつ、時折乙女っぽい表情や態度をとってみたりと、振れ幅が非常に大きいのが楽しいです。アメリは入間に対する恋心を自覚してから、生徒会長としての立場と、恋愛感情との間で揺れ動くのがいいですね。結婚生活の妄想をしたりと、夢見る乙女の一面も見られて、ますます魅力的です。カルエゴは厳しさの中にも入間や問題児《アブノーマル》クラスの生徒たちに対する成長への期待が見え隠れし、なんだかんだいいながらも、生徒たちを導いていくという、立派な先生です。

――問題児《アブノーマル》クラスのメンバーについての印象や、筆安さんが個人的に動かしていておもしろいと思うキャラクターをお聞かせください。

筆安　それぞれ個性が際立っていて、なぜ「問題児」なのかという理由も掘り下げられており、どのキャラクターも魅力的だと思います。それぞれの得意なことを生かし、これからも力を合わせ、時にはケンカしたりして、先に進んで行ってほしいですね。

――お気に入りのキャラクターとその理由を教えてください。

筆安　ドサンコ。当初原作では名もなきキャラクターだったのですが、西修先生に名前をもらい、アニメで膨らまして遊んだところ、原作でも出番が増えてきて、そしてこちらでもさらに出番を増やし……と、どんどん成長したキャラクターです。エイコも似たようなものです。

――第1シリーズから第3シリーズまでTVシリーズ全体を通して、最もキュートだと思ったキャラクターは誰でしょうか？

筆安　じゃあ、こちらはエイコで。エイコは入間への恋心がまったく届かない、というか、入間となぜか接触できないキャラクターで、こちらも書いていて楽しいです。アスモデウスと仲良くなって、写真のデータを交換していたりしているようで、入間と接触できる日もそう遠くはない……？　エイコがことあるごとに、魔眼レフカメラで入間を撮っていて、そして、魔眼レフカメラの扱いに長けてしまったところがとてもがんばりやさんで、キュートですね（成績もよくなりましたし）！

――最後に読者の皆さんにメッセージをお願いします。

筆安　皆さまの応援のおかげで、第3シリーズまで描くことができました。ありがとうございます。さまざまなエピソードや、各話予告など、たくさん原稿を書くことができ、とても楽しかったです。この先、まだいろいろ魅力的なエピソードがありますので、願わくば、いつかアニメの続きが作れるといいなあと思います。原作共々、今後とも応援のほど、よろしくお願いいたします。

筆安一幸の選ぶ名シーン

第１話。冒頭のマグロ漁船に乗っている入間から始まり、サリバンの孫にされるまでの描写を膨らませ、何も知らない視聴者をこの世界に入りやすいようにと意識しました。また、アスモデウスが入間に仕えると決めた時に「まいりました！」と、原作にはないセリフ（そして、作品タイトルである！）を入れることができ、とてもまとまりがいいエピソードになりました。

第５話です。ここで第１シリーズの最後に描いた悪周期の入間と繋がります。映画『ボーン・スプレマシー』と、『ボーン・アルティメイタム』のような、意表をつく繋がりを意識しました（ちょっと嘘。ちょっと本当）。丸々１話オリジナルエピソードというのも、結果的に３シリーズ通して唯一となりました。入間、アスモデウス、クララがほぼでずっぱり、そして、ゲストキャラクターも豪華で、面白いエピソードになったのではないかと思っています。

第 18 話です。収穫祭で入間とリードが優勝し、大団円を迎えることができました。それぞれの喜びと、再会、緊張からの解放、そして挿入歌の歌詞も書き、じんわりくる情感あふれるエピソードです。

STAFF INTERVIEW

ゆるふわギャグと影多めのシリアスの作画のメリハリを楽しんでください

キャラクターデザイン

佐野聡彦

さの・あきひこ　『魔入りました！入間くん』第2シリーズまでのキャラクターデザインを担当。近年は『SHAMAN KING』などで演出としても活躍。

特徴的な目などをかわいくまとめる意識

――原作コミックスを読んだ際に感じた作品への第一印象や、作品の魅力について教えてください。

佐野　キャラクターひとりひとりが絵的にも内面的にも非常に個性的だなと思いました。またストーリーに関しては、基本バトルマンガの王道展開を見せるけど、着地するところがやさしくて、いい意味で裏切られて良いなあと思いました。

――本作のキャラクターデザインのコンセプトは？

佐野　だいぶ前のことで監督や原作者様からはどういうオーダーだったか覚えてないのですが、改めてデザインを分析してみると、①目（寄り目気味）、②まつ毛（色がキャラごとに違うのでしっかり形を描く）、③健康的な体形（足を太く）を意識した上でかわいくまとめることを目標にしていたような気がします。

――デザインしていく上で、最も苦労したキャラクターと、その理由を教えてください。

佐野　カルエゴですかね。髪型が独特なので、立体的にどう成立させるのかを考えるのがすこし大変だった覚えがあります。

――キャラクターデザイン担当としてご覧になって、一番お気に入りのキャラは？

佐野　どのキャラも気に入っているのですが、強いていえばサリバンです。たまご型のデフォルメverはノリノリで描いた記憶があります。

――入間、アスモデウス、クララ、アメリ、カルエゴのデザインのポイントを教えてください。

佐野　入間は基本的にはかわいくいい子というつもりで描きました。たまに男らしくなるときがあり、その際はデザイン的に鼻を少しディティールアップさせてます。アスモデウスは基本的にはクールなイケメンなイメージで描きました。入間くん絡みになると感情が激しくあらわになりギャグ顔になるところがかわいいですよね。クララは全体的にぷにぷにでかわいく表情豊かで、デザインを描いていて楽しかったです。アメリは体がガッシリしている感じで足腰をしっかり描きました。クールな表情と乙女な表情の二面性のギャップが魅力的です。カルエゴは基本ドSなキャラなので、アオリから見たとき（見下している雰囲気）の絵を表情集では多めに描きました。悪い笑みが素敵です。

――「ここに注目してもらえるとうれしい！」と思う作画のポイントがあれば教えてください。

佐野　ギャグシーンのゆるふわな作画とシリアスなシーンの影多めの作画のメリハリを楽しんでもらえるとうれしいです。

――第3シリーズまでで、最もキュートだと思ったシーンは？

佐野　第2シリーズ第20話の「夢見るデート」です。入間くんとの身長差に悩むアメリがキュートだと思いました。また騒動後にまこちゃん（魔獣）にも謝る入間くんがいい子でキュートだし、最終的にお姫様抱っこをしてもらえて報われたアメリもキュートだし（2回目）、好きなエピソードです。

――最後に読者の皆さんにメッセージをお願いします。

佐野　アニメ『魔入りました！入間くん』が第3シリーズまで続いたのも、応援してもらえる皆さまがいるからです。ありがとうございます。ぜひこれからも見てもらえるとうれしいです。よろしくお願いいたします。

佐野聡彦が選ぶアニメ名シーン

第３話「入間とクララ」です。原作を読んだときから好きなお話です。入間から遊びに誘われて喜んでいるクララの作画が楽しくて好きです。

第７話「悪魔学校の教師たち」。悪周期入間くんがカッコいいのと、このあたりから問題児《アブノーマル》クラスの皆が活躍しはじめていてワクワクします。

第12話「願いを弓に」。入間くんのずっと我慢していた本音が聞けたのと自分の意思を貫く覚悟を決めるところは心に響きました。

アスモデウスの表情を ぜひ第1シリーズから 見比べてください！

キャラクターデザイン

原由美子

はら・ゆみこ　アニメ『魔入りました！入間くん』第1シリーズは作画監督を担当。2シリーズからキャラクターデザインに参加。

個性豊かなキャラクターを楽しく描きあげる！

―原作コミックスを読んだ際に感じた作品への第一印象や、作品の魅力について教えてください。

原　原作を読んだときは、スラスラとページを読み進めることができてすごく読みやすかったです。キャラクターの個性がハッキリしていて、それがデザインにも反映されていたので最初から『入間くん』の世界観に入り込むことができました。

―原さんは第1シリーズから総作画監督としても参加されていましたが、佐野さんがご担当されていたキャラクターデザインの印象はいかがでしたか？

原　すごく上手いです!!　原作の雰囲気を保ちつつ佐野さんの世界感も表現できていて、なおかつ動かしやすいデザインでした。第1シリーズは総作画監督として参加しましたが、絵を描いていてとても楽しかったです。

―ご自身がキャラクターデザインをされる上で、苦労したことは？

原　実はあんまり苦労した覚えがなくて……。どのキャラも個性豊かで描いていて楽しかったし、第1シリーズで佐野さんがキャラクターデザインのベースを作ってくださったので、すごく作業がしやすかったです。描いていて一番楽しかったのは、フルフル軍曹かな。表情豊かで悪知恵で怠惰なんだけどなんか憎めない感じが好きです。

―「ここに注目してもらえるとうれしい！」と思う作画のポイントがあれば教えてください。

原　アスモデウスの表情を第1シリーズから見比べてもらえるとうれしいです。第1シリーズは、カッコいいアスモデウスを心がけて描いていたのですが、第2シリーズからは徐々に目の表現を優しくするようにしていました。入間やクララと出会ってどこかで気持ちの変化を絵で表現できないかなぁって思って描いていました。アクションシーンはもちろんカッコいいアズくんなんですけどね。

―入間、アスモデウス、クララ、アメリ、カルエゴについて、描く際のポイントを教えてください。

原　入間は男子なんだけど、かわいく描こうと思ってました。アスモデウスは、目の表現を意識して描いてました。クララは決まりがありませんでした（笑）。いろんなクララがあっていいと思ってました。アメリは凛とした風格と時折みせる女の子の部分を大事にしてました。カルエゴは厳格さと温かさをイメージできるように描いていました。

―第3シリーズまで通して、最もキュートだと思ったキャラクターは？

原　クララかな。第1シリーズの入間に対して一生懸命に誘惑するシーンがかわいかった。クララってお子様そのものな感じなんだけど、背伸びして入間の気を引こうとしているのがとっても好きです。だいたい間違った方向に行っちゃうんですけどね（笑）。

―お気に入りのキャラクターとその理由を教えてください。

原　リードです。問題児《アブノーマル》クラスの中でも一番自然体というか、普通の中学生を悪魔にしました的なところがいいですよね。女の子にモテたいというだけで試行錯誤するところとか（笑）。第3シリーズでは大活躍して若王になってちょっとだけ成長したのかな。

―最後に読者の皆さんにメッセージをお願いします。

原　皆さん、いつもいつもアニメ『魔入りました！入間くん』を応援していただいて、ありがとうございます。私のキャリアの中でもこれだけ長く参加した作品は初めてで、たくさん絵を描かせてもらいました。すごく楽しかったです。これからもアニメ『魔入りました！入間くん』を見てもらえるとうれしいです。

原由美子が選ぶアニメ名シーン

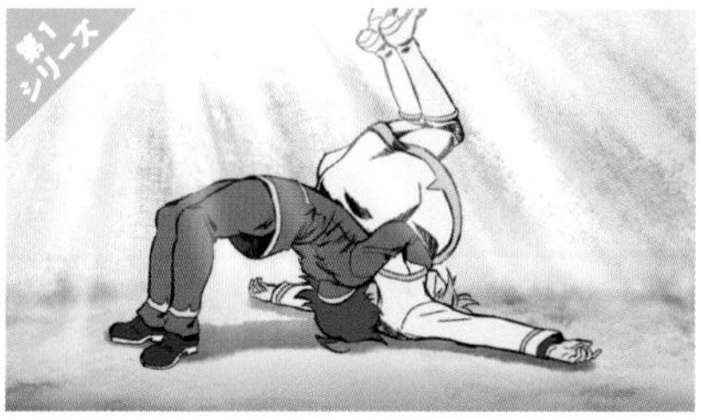

第1話の入間のジャーマン・スープレックスが炸裂したところかな。自分で原画を描いたシーンでもあるのですが、「禁忌魔法を使ってジャーマン・スープレックス？」って思って、おかしかったです。

第20話、アメリと入間のデート回は好きです。アメリが一生懸命にデートプランを練るところがすごくかわいい。

第12話の入間が幻術にかかって、自分の大切なものに気付いたシーン。入間の成長の瞬間が見えた気がします。あと村瀬さんのお芝居がすごすぎました。

森脇真琴監督と振り返る！ Opening&Ending Gallery

第1期 OP

「Magical Babyrinth《マジカル・バビリンス》」

作詞：Soflan Daichi、宮崎京一　RAP詞：KIMI（DA PUMP）
作曲：宮崎京一　編曲：飯田涼太　歌：DA PUMP

アニメ第1シリーズから第3シリーズまで賑やかに飾った歴代OP & EDを、それぞれのシーンカットを交えてプレイバック！　森脇監督からのコメントにもデビ注目だ！

森脇監督 COMMENT

バビバビバビバビバビバビバビバビってますよね。ノリがよくてシリーズの船出に勢いをつけてくれたと思います。憶えやすいところも好き。入間の表情がキツくなりすぎないように気を配りました。あとハジっこにソイを付けたしたり（笑）。大久保政雄さん演出の作画がはじけていてアガりますねー。

第1期 ED

「デビきゅー」

作詞：os.nishi　作曲：ak.homma　編曲：MEG.ME　歌：芹澤 優

森脇監督 COMMENT

とっても可愛い仕上がりになりました、絵も歌も。絵の方は稲垣隆行さんで、短い期間でこの完成度まで高めてくれました。歌っているのは他作品でもご一緒した芹澤優さん。歌も特別カワイイ。

「魔入りました！入間くん ミュージックコレクション悪MAX!!!」エイベックス・ピクチャーズ株式会社より発売中

「デビきゅー」（TVアニメ「魔入りました！入間くん」盤）エイベックス・ピクチャーズ株式会社より発売中

第2期 OP

「No! No! Satisfaction!」

作詞：m.c.A・T、KIMI　作曲・編曲：m.c.A・T　歌：DA PUMP

森脇監督 COMMENT

馬引圭さん演出。カッコいいワザが随所にあります。OPの中で、学園モノらしいパートが一番多いかもしれません。学園生活が楽しそう。

第2期 ED

「ココロショータイム」

作曲・編曲：本間昭光　作詞・歌：天月 - あまつき -

森脇監督 COMMENT

東田夏実さん演出。絵の影をなくすとか、色使いにも工夫がこらされています。特にビュンビュン通過する影をストップモーションにしたらクララだった、ってカットが好きですね。何度もカットを入れ替えるサービスがあったのですが、気づいてもらえたかしら。

「魔入りました！入間くん ミュージックコレクション 悪MAX!!! Vol.2」エイベックス・ピクチャーズ株式会社より発売中

第3期 OP

「ギリギリ Ride it out」

作詞：小竹正人　作曲・編曲：亀田誠治
歌：FANTASTICS from EXILE TRIBE

森脇真琴監督 COMMENT

再び大久保政雄さん演出。曲は今までで一番大人っぽいですね。1カット目の、成長した入間がカッコイイ。すごくいい顔に描けてますよねー。師匠たちも存在感があり、サビとともに絵が動く動く。何度でも見られます。

第3期 ED

「鍋奉行」

作詞・作曲・編曲：ケンモチヒデフミ　歌：水曜日のカンパネラ

「魔入りました！入間くん ミュージックコレクション 悪MAX!!! Vol.3」エイベックス・ピクチャーズ株式会社より発売中

森脇真琴監督 COMMENT

珍しいパステルカラーの魔界。中西基樹さん演出。すごく遊んでる歌だけど、絵も一緒に遊んでる部分があって。バラム先生がラーメンをすすってるところが好き。ラストカットで毎回違う料理が出るところも楽しい。魔界のグルメツアー、行きたいね。

便利なものから不思議なものまで
魔具コレクション

魔具とは、魔力をエネルギーとして動かす道具。魔力を込めて動く人形や光る玉、魔力をためる指輪に魔力を増幅する装置など、さまざまな物がある。練習などをして覚える魔術とは違い、魔力があれば使うことができる。

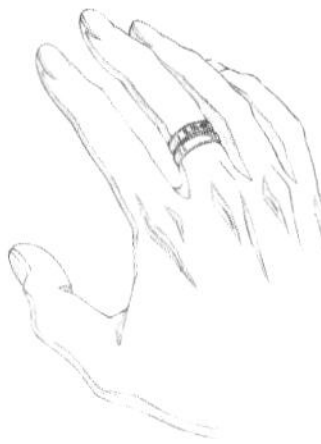

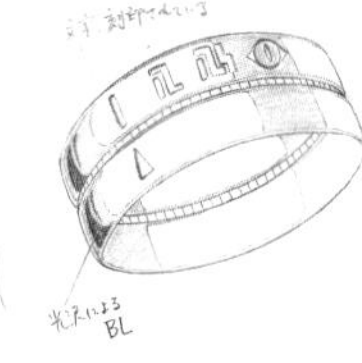

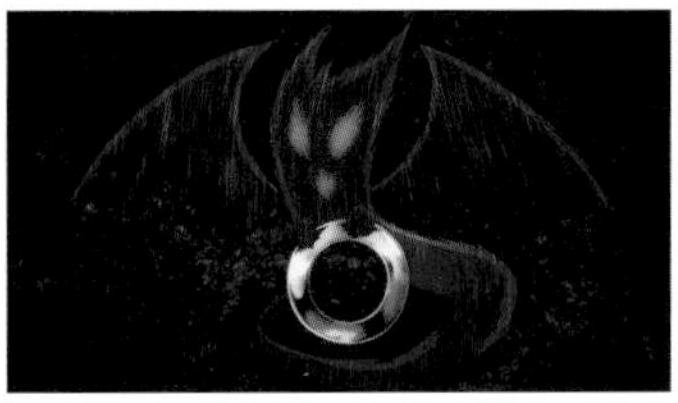

悪食の指輪

持ち主の魔力をためておける魔具。一度はめたら外せず、ためた魔力が少なくなると無差別に近くの悪魔の魔力を食べてしまう。キリヲの首輪にも指輪と同じ材質の金属が使われている。

認識阻害グラス

着用者を認識しにくくなる魔具。かけるだけで効果があるが、相手に認識されたあとにかけると効果がない。デザインはいろいろある。

ガブ子さん

ハート型のバッテリーを組み立てることで、上部に置いたアイテムの魔力を増幅させる魔具。キリヲが作ったもので、本当の名前は「学校ぶっ壊すさん」。

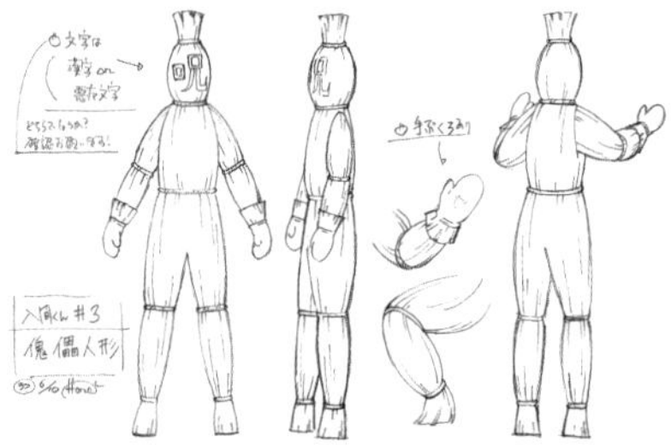

傀儡人形

わらのようなもので出来ている人形。悪魔と同じように動くことができ、処刑玉砲の試合ではチームの人数合わせにも使用された。

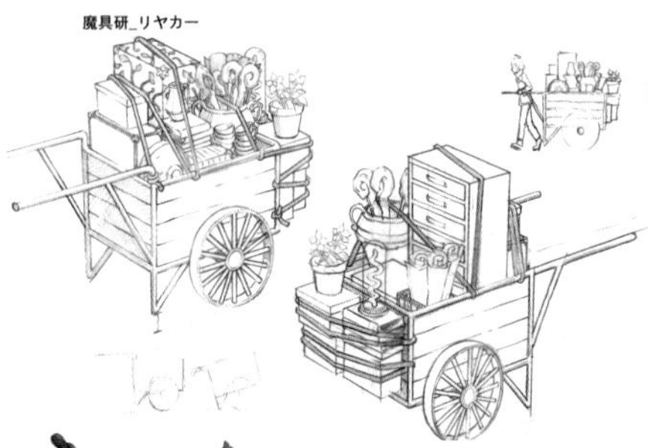

魔具研究師団には謎の魔具がいっぱい！

魔具研究師団には、杖のような物やタンスのような物など、さまざまな大きさの魔具がたくさん置かれている。多種多様すぎて、前年度の師団披露では「荷物置き場」と呼ばれてしまうことも……。

Chapter 4
第2シリーズエピソード

第1話 指輪の秘密

脚本／筆安一幸　絵コンテ／森脇真琴　演出／中西基樹

悪食の指輪を使った魔術にも慣れ、バビルスでの賑やかな学園生活を送っている入間。そんな折、指輪から黒い影が突如現れた。影は「アリクレッド」と名乗り、入間は魔力の使い方がなっていないと看破されることに。アリクレッド（アリさん）は魔術を扱う上で「イメージすること」の大切さを説く。そして、入間はアリさんの正体を調べることにした。その結果、位階の昇級が関係していることが判明するのだった。

見どころCheck!

謎のアクドルの正体が入間ではないかと疑うアメリ。ひらひら＆フワフワの衣装に身を包んだ入間を実際に見つけてしまったことで、彼女はショックを受けてしまった。乙女心は複雑だ。

第2話 アメリの決断

脚本／筆安一幸　絵コンテ・演出／辻橋綾佳

自分が謎のアクドルとして話題になっていることを知った入間。ケロリとのひと悶着をアメリに見られて気まずい雰囲気になるなか、アメリから言いわたされたのは魔具研究師団の休止命令。再開の条件として他師団での研修を言い渡され、アスモデウスは魔術開発師団、クララは遊戯《ゲーム》師団、入間は生徒会でそれぞれ研修を受けることに。一生懸命に生徒会活動に励む入間だったが、ある日、アメリが何者かによって乙女な性格に変えられてしまった！

見どころCheck!

生徒会活動をがんばる入間。最初こそモタモタしていたが、回数を重ねるうちにテキパキと対処できるようになり、生徒会メンバーからの評価を上げていった。しかし、節食だけは苦手だった。

第3話

乙女な悪魔

脚本／大島のぞむ　絵コンテ／森脇真琴　演出／川島博明

恥ずかしがり屋な乙女の性格になってしまったアメリ。以前までの凛とした佇まいは見る影もなく、生徒会業務にも支障が出てしまう。そんな折、現れたのが風紀師団団長のロノウェ・ロミエールだった。アメリの性格を変えた犯人と目されるロノウェは、生徒会に解散選挙《タイマン》を申し込んだ。家系魔術「注目（カリスマ）」と気前のいい言葉で生徒の関心を集めるロノウェに対し、アメリは演説ひとつまともにできない状態で、選挙対決に暗雲が立ち込める。

見どころCheck!

以前から生徒会長の座を狙っていたロノウェは、アメリが弱っているタイミングを狙ってやってきた。弱った彼女に秘書になるよう迫るロノウェ。入間はそんなロノウェからアメリを守るのだった。

第4話

生徒会長の眺め

脚本／大島のぞむ　絵コンテ／森脇真琴　演出／馬引圭

今の自分に自信がないアメリは解散選挙への不安を口にした。そんな様子を目の当たりにし、入間は以前彼女から言われた言葉をかけて応援。そして迎えた選挙当日。楽しさを強調するロノウェに対し、性格変化の魔術が解けたアメリは欲望の大切さを訴えかけて勝利。同時に入間への恋心を自覚した。アメリに魔術をかけた犯人もアスモデウスとクララのおかげで判明し、ロノウェの生徒会入りが決定。魔具研究師団の活動も再開。すべてが丸く収まった。

見どころCheck!

入間の言葉をきっかけに解けかけていた魔術のヒモが、演説台に立つことで完全に解けた。アメリはバビルスを最高の学校にしたいという自分の欲を告げて、集った生徒たちから喝采を浴びた。

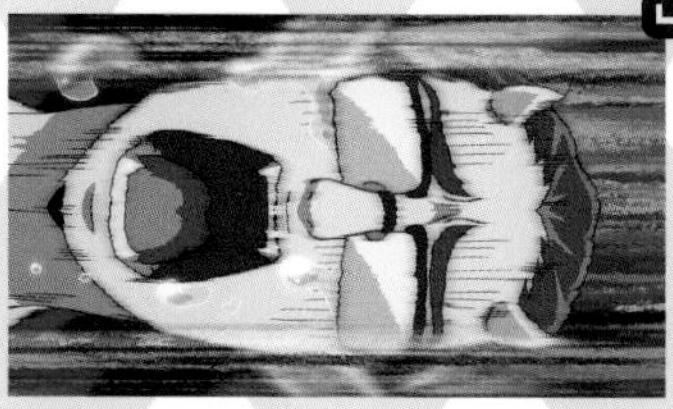

第5話 オトモダチご招待！

脚本／筆安一幸　絵コンテ／三沢伸　演出／霜鳥孝介

「そっか、友達と遊ぶって……
こういうことなんだ」

生徒会の研修を終えて自宅に帰ってきた入間。サリバンによるお祝いパーティを楽しみ、招待したアスモデウス、クララとともに賑やかな時間を堪能した。豪華な食事会やオペラを交えてのダンスゲームをするなか、サリバンは「暗黒大行進」を提案。入間にカッコいい姿を見せようとするが上手くいかない。最終的にはオペラの機転でなんとかサリバンの魅力的な姿を見せられた。入間たちも最高の思い出を作ることができて、最高の一日になった。

見どころCheck!

事前に用意されていた魔獣をアスモデウスとクララに倒されてしまったサリバン。このままでは入間にカッコいいところを見せられないと焦って、オペラに泣きつき仕掛けを用意してもらった。

第6話 王の教室《ロイヤル・ワン》

脚本／加藤還一　絵コンテ・演出／東田夏実

「問題児《アブノーマル》クラスの
教室移動を要求する」

アリさんの力で悪周期にされてしまった入間。普段と異なる強気な立ちふるまいに、クラスメイトたちは困惑していた。そんななか、問題児《アブノーマル》クラスの教室が劣悪な環境であることに気がついた入間は王の教室（ロイヤル・ワン）への移動を要求。それに対して、カルエゴは「3日間で教職員全員の許可書を持って来い」という条件を突きつけた。入間によってやる気を刺激された面々は、一丸となって許可書の獲得を目指すことに。

見どころCheck!

問題児《アブノーマル》クラスの全員を引き連れて職員室を訪れる入間。クラスメイトたちからの信頼と、それに応えるリーダーとしての器の大きさを感じさせた。また、カルエゴ相手に一歩も引かない度胸も見せた。

第7話 悪魔学校《バビルス》の教師たち

脚本／加藤還一　絵コンテ・演出／中西基樹

許可書集めの第一歩として、アンドロ・M・ジャズの家系能力「盗視《ピット》」を使ってカルエゴの手帳を盗んだ入間。その手帳をダシにモモノキから許可書をもらうといった具合に、クラスメイトたちの力を生かして次々と集めていく。難敵であるオリアスをリードとエリザベッタの連携で、ブルシェンコをサブノックの誠意でそれぞれ突破したあと、入間自身もアメリを説得して生徒会の推薦状をゲット。カルエゴ以外の36名の教員の許可書が集まった。

見どころCheck!

ほぼすべてのクラスメイトに活躍の場があり、誰ひとり欠けても教員の許可書を集めきることはできなかった。問題児《アブノーマル》クラスの面々のポテンシャルの高さがわかりやすく描かれていた。

第8話 道化師の奇跡

脚本／加藤還一　絵コンテ・演出／辻橋綾佳

教員36名分の許可書を提出した入間たち。だがカルエゴは教職員、つまり学園で働く全ての者の許可書がなければ認めないと告げた。もはやこれまでかと思われたそのとき、それまで入間に助けられてきたバビルス中の職員が次々と許可書を持ってきて、全教職員分が集まった。こうして入間たちは王の教室を使う権利を手に入れ、その豪華絢爛な内装と施設を堪能。その後、入間の悪周期状態は消えてもとに戻り、新たな教室で新たな日々が始まった。

見どころCheck!

王の教室に用意されていた玉座に堂々と座る悪入間。その姿は風格あふれるもので、居合わせた生徒たちは息を飲んだ。そして、アスモデウスは悪入間の姿に未来の魔王を想起した。

第9話

魔界のお勉強

脚本／井上美緒　絵コンテ／吉田徹　演出／霜鳥孝介

悪周期状態を抜けた入間を中心に和気あいあいとなった問題児《アブノーマル》クラス。だが、そんな雰囲気が続いたのはカルエゴが終末テストの話題を口にするまでだった。そのテストが座学であることを知った一同は必死に勉強。魔界の常識を知らずハンデを持つ入間は絶望的な気持ちになるが、空想生物学で100点を取ったことが自信となる。さらにその学問を極めるために授業に出席した入間は、恐ろしい見た目の教師、バラム・シチロウと出会う。

見どころCheck!

空想生物学は入間とその周辺の生き物に関する知識が問われる学問で入間にとっては常識問題だった。100点を叩き出したことで、クラスメイトたちから入間への評価がまたひとつ上がるのだった。

第10話

バラムの授業

脚本／井上美緒　絵コンテ・演出／馬引圭

バラムに触られて悪魔の羽がないことがわかった入間。アリさんの機転で人間だとバレることはなかったが、バラムの優しさに気づいた入間は自分から人間であることを告白。その後、バラムがカルエゴと同級生であることが判明したり、バラムが作った絵本で勉強したりする日々のなかで、入間は着実に知識を身につけていく。そんな姿に影響されて、問題児《アブノーマル》クラスの面々もまじめに勉強し、終末テストの当日を迎えるのだった。

見どころCheck!

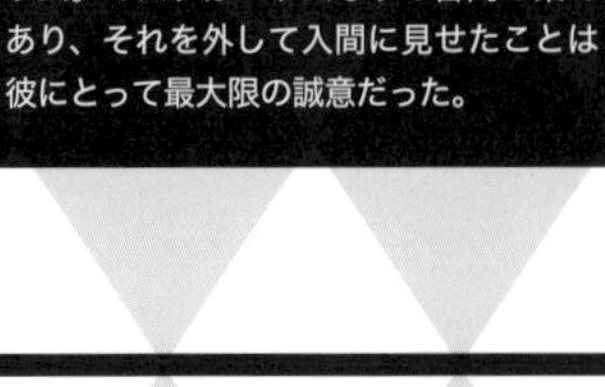

生き物が大好きで優しい心を持っているのに、怪我のせいで恐れられてしまうバラム。マスクはバラムなりの苦肉の策であり、それを外して入間に見せたことは彼にとって最大限の誠意だった。

第11話

終末テスト／ガールズトーク

脚本／守護このみ　絵コンテ・演出／中西基樹

全員が赤点をなんとか回避できた問題児《アブノーマル》クラス。一部の生徒は昇級を果たし、入間も同学年で一番成績が伸びて真ん中の順位を達成した。クラスメイトやバラムと喜びを分かち合った入間は、男子メンバーの打ち上げパーティでカラオケに参加。一方、クララ、エリザベッタ、ケロリはアメリを呼んで女子会を開催。アメリが持ち込んだリラックス茶を飲んだ４人は普段隠している本音や恋愛観を交えたガールズトークで盛り上がるのだった。

見どころCheck!

リード、ゴエモン、カムイは位階が２（ベト）に、学年１位を取ったシュナイダーは３（ギメル）に昇級した。そんな光景を見ながら、アスモデウスは全員のやる気を引き出した入間を王の素質だと力説する。

第12話

カルエゴ先生の家庭訪問

脚本／加藤還一　絵コンテ／馬引圭　演出／球野たかひろ

サリバンに命じられて問題児《アブノーマル》クラスの家庭訪問をすることになったカルエゴ。さっさと終わらせようとするが、どの家も個性的で時間がどんどん過ぎ去り、精神的にも疲労困憊。最後に入間がいるサリバン家にやってきたのだが、学生時代の先輩であるオペラと遭遇。先輩のからかいに耐えながらも立派に教師としての職務をまっとうするのだった。そして翌日、カルエゴは鬱憤を晴らすかのように問題児《アブノーマル》クラスの面々に終末日の宿題増加を告げた。

見どころCheck!

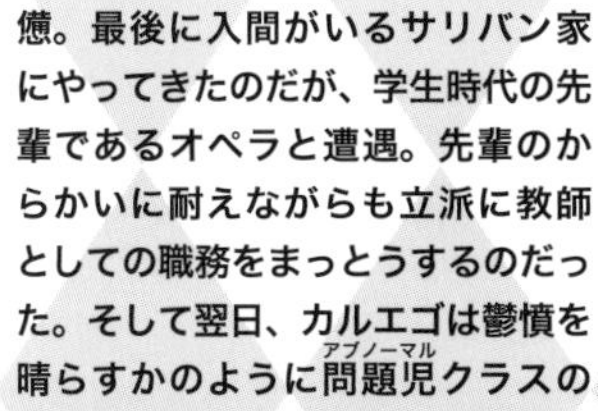

生徒それぞれの生活態度をよく観察し、良い点と改善すべき点をまとめたノートを全員分用意しているカルエゴ。厳粛さを重んじつつもその内面には生徒を正しく導こうとする想いが感じられた。

第13話 ウォルターパーク

脚本／加藤還一　絵コンテ／辻橋綾佳　演出／霜鳥孝介

待ちに待った終末日。入間は問題児《アブノーマル》クラスのみんなと一緒に魔界屈指の遊園地「ウォルターパーク」にやってきた。護衛のカルエゴ、バラム、オペラに加えて入間とのデートを期待してやってきたアメリも合流して大賑わい。３つのチームに分かれてどのチームが一番遊園地を楽しんだかを競うことに。ロノウェも登場してとっても楽しい雰囲気。そんななか、地下に設置されたウラボラス監獄では、キリヲたち囚魔が脱獄を計画していた。

見どころCheck!

過酷な人生を送ってきた入間にとって、遊園地はまさにあこがれていた夢の国。いつになくはしゃぐ姿は普段なかなか見ることができないものであり、さまざまなアトラクションに目を輝かせた。

第14話 みんなの遊び相手

脚本／井上美緒　絵コンテ・演出／東田夏実

３チームに分かれたあと、クララたちオペラチームはショッピング、ジャズたちカルエゴチームは射的勝負をそれぞれ行い、楽しい時間を過ごした。ロノウェを加えた入間たちバラムチームもパークを堪能しようとするが、途中で入間が迷子になり、危険な小道「カララギ通り」に入ってしまった。そんな彼を助けてくれたのは、ウォルタースタッフのシーダ。彼女のおかげで入間はみんなと合流することができたのだが、その正体は……？

見どころCheck!

道に迷っていたところを助けてくれて、さまざまなアトラクションを案内してくれたシーダ。彼女は入間との交流を楽しんでいるように見えたが、その正体は魔界の犯罪集団、六指衆のひとりだった。

第15話

魔獣襲撃

脚本／筆安一幸　絵コンテ・演出／辻橋綾佳

ウォルタースタッフに扮していた六指衆により、園内の各エリアに３体の巨大魔獣が出現。大騒ぎになるなか、カルエゴはジャズたちに訓練と称して魔獣・青牛《マウンテン・ブル》との戦いを命じた。そして大混乱を利用した六指衆は、ウラボラス監獄の看守たちを倒して囚魔の解放を企てる。一方のパーク側では、リードたちに頼られたジャズが兄貴心を発揮。同時刻、入間は楽しかったはずの遊園地が惨状と化した状況を目にして、モヤモヤとした感情を抱いていた。

見どころCheck!

大型魔獣の討伐という課題を与えられたジャズ、リード、ゴエモン、カムイの４人。それぞれの持ち味を生かしたコンビネーションによって果敢に魔獣に挑む姿は、思わず胸が熱くなる。

第16話

この感情の名前は

脚本／筆安一幸　絵コンテ／千明孝一　演出／辻橋綾佳、中西基樹

入間は子供たちを助けるために行動開始。同じころ、オペラとアメリは協力して魔獣・黄鼠《パンサー・ラット》に挑んでいた。一方の青牛《マウンテン・ブル》側は、ジャズの持つ破耳笛《はじぶえ》を切り札にした作戦とカルエゴの力で撃破に成功。また、ドームではケロリがくろむとなって即席ライブを開催。観客を元気づけるだけでなく、その歌はアメリの心をも高揚させた。家系能力「幻想王の力《ロマンチスタ》」を最大限に引き出したアメリは、オペラとともに黄鼠を撃退した。

見どころCheck!

自分にできることをやると固く決意したケロリ。魔獣に対する恐怖を塗りつぶすほどの圧倒的なかわいさで、くろむとして客たちを熱狂させ、アクドルとしての本領を発揮した。

第17話 最強の矛

脚本／守護このみ　絵コンテ／馬引圭、東田夏実　演出／高林久弥

赤龍《カーマイン・ドラゴン》との戦いで活躍を競うアスモデウスとサブノック。戦闘中に赤龍の光線がアスモデウスを襲い、かばったサブノックが大きなダメージを受けた。ここでサブノックはアスモデウスに、撤退を提案。バラムによる赤龍の撃破に繋げた。その後に出現した合成魔獣は、オペラ、カルエゴ、バラムの３人が撃退したが、魔獣は最後の力で自爆しようと試みる。そのとき、ロノウェが魔獣の注意を引きつけ、入間が魔獣の前に立ちふさがる。

見どころCheck!

これまで描かれてこなかったバラムの戦闘シーン。光線を防ぎきる強大な力と、豊富な生物への知識がもたらす戦術的な戦い方。その実力は大型魔獣をたやすく倒してしまうほど圧倒的なものだった。

第18話 僕の欲

脚本／井上美緒　絵コンテ／三沢伸、辻橋綾佳　演出／霜鳥孝介

悪食の指輪の力で合成魔獣の力を飲み込んだ入間。心配するみんなに、「全部を拾いたい」という欲を告げた。その後、入間たちはウォルターパークを救った英雄としてパレードに参加。その様子を見つめるのは、六指衆の力で脱獄を果たしたキリヲだった。彼は入間を「運命の天敵（てき）」と認識して去っていく。クラスメイトたちがはしゃぐなか、入間はアメリとふたりで出かける約束をするが、有名人となってしまったため、報道陣に追われることに。

見どころCheck!

監獄内部を掌握して脱獄計画を成功に導いた手際のよさ、絶望の表情に興奮するがゆえの容赦のなさと狂った考え方。凶悪な力を持つ六指衆も敬うキリヲが、ついに解き放たれてしまった。

第19話 クララのお家

脚本／大島のぞむ　絵コンテ・演出／辻橋綾佳

クララの家にやってきた入間とアスモデウスは、マミーをはじめとするウァラク家の面々から盛大な歓待を受けた。そのパワフルさに圧倒されながらも交流を深める入間たちは、スーパー魔ーケットことガヤガヤ森で食材集め。アスモデウスとクララが張り合う一幕がありつつも、無事に究極の食材「シーラガンス」を入手できた。楽しいディナーの時間を過ごしたあと、入間とアスモデウスはクララの子守唄で眠って快適な朝を迎えるのだった。

見どころCheck!

入間のみならず、いぶかしむアスモデウスまでをも眠らせてしまったクララの子守歌。普段は自由奔放でわかりづらいが、弟たちの面倒をいつも見ている姉としての経験と存在感が垣間見えた。

第20話 夢見るデート

脚本／井上美緒　絵コンテ・演出／宮崎修治

ガイドブックや「初恋メモリー」を参考に入間とのデートプランを練るアメリ。それをもとにドキドキの展開にしたいと期待するのだが、なかなか上手くいかない。そんななか、彼女は大魔鰐《バウアウ》のイベントで食べられそうになった入間を救助。強くてデカい女だと思われた、と落ち込みそうになったのだが、足をケガしていることに気づいた入間が彼女をお姫様抱っこ。予定とはちょっとだけ違うがドキッとする展開になって満足するアメリだった。

見どころCheck!

水のかけ合いやビーチバレー、パフェ、おみやげコーナーでの買い物など、デートの王道パターンを取り入れるアメリ。上手くいかないことも多かったが、ふたりにとって楽しい時間だった。

第21話

魔界を統べる者

脚本／筆安一幸　絵コンテ・演出／東田夏実

終末日の宿題を片付けた入間は、サリバン、オペラとともに魔界の繁華街に買い物へ。新学期で使う教科書などを購入しつつ、さまざまなお店でのショッピングを楽しんだ。そんななか、サリバンの人気っぷりと彼が魔王候補であることを知り、どうしてならないのか疑問に思うようになった。入間の言葉を聞いたサリバンは、消失の魔王デルキラに仕えていた時代を思い返しながら、入間が魔王だったらどんな魔界を作るか見てみたいと語るのだった。

見どころCheck!

これまでほとんど描かれることのなかった消失の魔王デルキラについての話。サリバンが語るデルキラは我が道を行くカリスマ性にあふれており、まさに魔王にふさわしい存在感を放っていた。

ウォルターパークの思い出写真コーナー

魔界屈指の遊園地「ウォルターパーク」には多種多様な施設や設備があり、多くの来場者を笑顔にしている。問題児《アブノーマル》クラスを中心とした面々もとても楽しそうにしていた。そんなウォルターパークでの心躍る時間を、集合写真とともに振り返ろう！

アメリはシースルー素材の大人びたデザインのワンピース、クララはマーメイドドレスを着用。ウォルタースタッフのヒュダーリンとミキィのおかげで充実した時間を過ごした。

開場と同時に豪華な演出で来場者を魅了するウォルターパーク。遊園地が初めての入間はもちろん、カルエゴを除くほかの面々も好奇心と楽しさが全身からあふれ出している。

ウォルタースタッフのアトリ、マエマロとの射的勝負に挑んだジャズたち。苦労しつつも景品を手に入れてご満悦。彼らはこのあともアトリたちの案内で園内を楽しんだ。

危険な魅力に惹きつけられる!?
悪入間の名シーン集！

普段のかわいい雰囲気から一転し、ワイルドでカッコいい雰囲気を身にまとう悪入間。その立ちふるまいには誰もが惹きつけられる。そんな魅力がたっぷり詰まった彼の名シーンを集めて一挙に掲載。我を貫き通す威風堂々とした姿に酔いしれよう！

「次から言いてぇことは面と向かって言いな」

ゴミを捨てた生徒たちを威圧したかと思えば、陰口を叩いていた生徒にやさしく諭すように注意する。硬軟織り交ぜた言動で相手に恐れと尊敬を抱かせるカリスマ性！

「『くろむ』は出したくないんだろ。なら出さなくていい」

ケロリの提案に対して、悪入間はやりたくないことをやる必要はないと返す。相手の気持ちに寄り添う優しさを感じさせるひと幕だ。

「あ？……ほらよ」

一緒に写真を撮りたいが言い出せないサリバンに、自ら積極的に写真を撮影する悪入間。サービス精神も旺盛であることがわかる。

「フー……。いちかばちかだった……」

綱渡りをしている自覚がある悪入間は、つねに大きな緊張感を抱えている。それでもやり遂げようとする責任感がすばらしい。

「ちゃんと見てやってほしいんだよ」

アメリを説得するために壁ドンで迫る悪入間。彼の言葉はすべて本心であり、悪入間の魅力のみならず想いの強さがアメリのハートを揺さぶる。

お話のスキマを埋めるミニコーナー

スキ魔

PICK UP

各話の裏話や別視点での出来事を描いた「スキ魔」。ミニキャラになった入間たちがわいわい遊ぶミニアニメでは、本編とはまた違った一面が見られることも！

アニメ本編では描かれなかったミニエピソードがたっぷり！

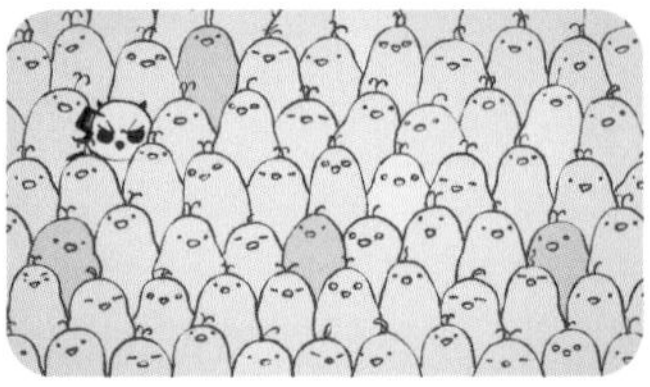

飛行試験会場へ向かう途中のクララの様子や、収穫祭リタイア時に入間の武器としてそばにいると駄々をこねるアスモデウスなど、本編の舞台裏も楽しそう。マスコットに埋もれたカルエゴを探すアニメオリジナルのスキ魔も見どころ。

大人悪魔たちのいろんな姿も見られちゃう

入間たちを見守る大人悪魔も、楽しいことが好きな悪魔には変わりない!? ロビンの空回りをおもしろがるスージー＆ダリや自分の妄想でショックを受けるアンリなど、大人悪魔も問題児《アブノーマル》クラスに負けず劣らずにぎやか！

スキ魔の主役!? 入間を見守りながら成長を続けるエイコ

入学式で入間に助けられて以来、ファンになったエイコ。彼女の視点で描かれるスキ魔も多く、入間の役に立てるようにと猛勉強をしたり、撮影スキルを磨いて収穫祭を乗り越えたり……着々と実力を身につけている。

Chapter 5
キャストインタビュー

cast interview 1

鈴木入間役

村瀬 歩

むらせ・あゆむ
12月14日生まれ。ヴィムス所属。出演作は『ハイキュー!!』日向翔陽役、『大雪海のカイナ』ヤオナ役など多数。

イルミも悪入間もすべてひとつの入間くん!

―村瀬さんの演じている入間の第一印象は?

村瀬　アホ毛が特徴的でかわいい見た目の男の子!(笑)　すさまじすぎる生育環境によって絶対的な回避力や無尽蔵の胃袋などの、いろいろとはちゃめちゃな能力を持っている実は超人なのかな?　というのが第一印象でした。

―入間は悪魔学校バビルスに入学して以降、大きく成長を遂げています。第3シリーズまでを通じての、演技プランを教えてください。

村瀬　物事に素直に共感したり、関心を持ったりすることを大事に心掛けました。当然僕は魔界を実際に見たことはないのですが、彼がただひとりの人間として感じる恐怖、喜び、悲しみ、驚きといった感情を新鮮に味わおうというのは初期から大事にしているところです。あとはツッコミのバリエーションといいますか……この辺りは音響監督の郷田(ほづみ)さんの助力もあり自分自身とても楽しんでアイデアをいただき挑戦できたと感じています。

―入間の女装姿「イルミ」を見たときはどんな印象を持ちましたか?

村瀬　「普通に似合ってる!」とビックリしました(笑)。あとなんだかんだ彼はお調子者であり、「やるからにはカマすぞ!」といった男気あふれる一面もあるので、最初は緊張や不安が強かったところから始まり、しだいに女装に慣れていって、彼の預かり知らぬところで表現も磨かれていく感じが出るといいなと思いながらお芝居させていただきました。

―イルミを演じる際は、普段の入間と比べてどこか演技を変える意識でいましたか?

村瀬　声は普段よりちょっと高めにお芝居していますが、しだいに女装に慣れていくところを出したかったので、そういう意味では、あくまで入間くんの延長線上という意識は大事にしましたね。

―第2シリーズで登場した「悪入間」の印象や、演じる際に意識したことを教えてください。

村瀬　カリスマ性や悪い表情に騙されてしまいがちなのですが、「悪入間」とは言われつつも、じつはそんなに悪くないというのがミソだと思います。初回はどう演出するべきか森脇(真琴)監督や郷田さんともいろいろお話しさせていただけたのもあり、「入間が実は心の奥で思っている、憧れる自分のあり方」のイメージを意識してお芝居させていただきました。なのでみんなのモチベーションをアジテーションするところや、カルエゴ先生と渡り合うところは、普段の入間からは想像できないくらいのイニシアチブの握り方を考えさせられました。

―入間の親友であるアスモデウスの印象は?

彼の驚きや喜びなどの感情を新鮮に味わうことを大事にしています

村瀬　じつは隠れヒロインなのでは？と思うくらいヒロインだなと（笑）。強くてカッコよくて気高くて。これ以上ないくらい最高の親友だと思います。他者のために滅私して一身に思い続けるってすごいことです。

――もうひとりの親友、クララについてはいかがでしょうか？

村瀬　アフレコでは別録りになる人！（笑）　クララの底知れない感じや自由奔放さを考えたらそうなって仕方ないところもあるのですが、何より朝井（彩加）ちゃんが全力で楽しんでいるのが聞いていて心地よいです。

――もし村瀬さんが入間と同じように、魔界で暮らさなければならなくなったら、どんなふうに過ごしますか？

村瀬　おじいちゃんの庇護のもとで、おいしいものを食べ続けてのんびり暮らしたいです（笑）。おじいちゃんに連れられなかった場合は、けっこう人生が詰んでしまう気がするので勘弁してください！

――お気に入りのキャラクターとその理由を教えてください。

村瀬　好きなキャラクターだらけなんですが、やはりアメリさんです……。毎度毎度アメリさんですみません。人間というのはギャップに弱いものだとつねづね思っておりまして、アメリさんの最初に登場した際の凛々しく強く「入間がピンチなのでは⁉」感からの、入間との交流を経てその美貌とは裏腹にとても少女らしく乙女らしい心の動きと西先生の描かれる美麗な瞳の表現！　ドドドドツボです。アニメでは表情の変化も動きで見られておいしいし、早見（沙織）ちゃんの声がまた最高ですよね。「こんなん好きにならない人おらんやろ？」と、頭を抱える勢いです。個人的に原作180話のアメリさんと入間のエピソードにキュンが止まらなかったので、そこもお芝居できる日がくるといいな……！

――最後に読者の皆さんにメッセージをお願いします。

村瀬　老若男女問わず楽しめて夢中になれる素敵な作品だと心から感じています。仕事として携わっているものの、原作が超おもしろいのでついつい続きが気になって先の巻まで買ってしまうただのファンですが、魔界での生活をこんなに謳歌できてとても幸せです。願わくばアニメでも、問題児《アブノーマル》クラスの最後のひとりも含めてみんなで楽しめる音楽祭に辿り着けますように！

村瀬歩が選ぶアニメ名シーン

「ドッジボールだこれ！」というのが我ながら第１シリーズ渾身のツッコミだと思うので（笑）。

「どうせはみだすなら、思いっきり問題児《アブノーマル》でいこうぜ」。これは、悪入間を代表するセリフだなと。野心が表れた名言といいますか、自分自身も原作を読んでいる際にハッとさせられました。

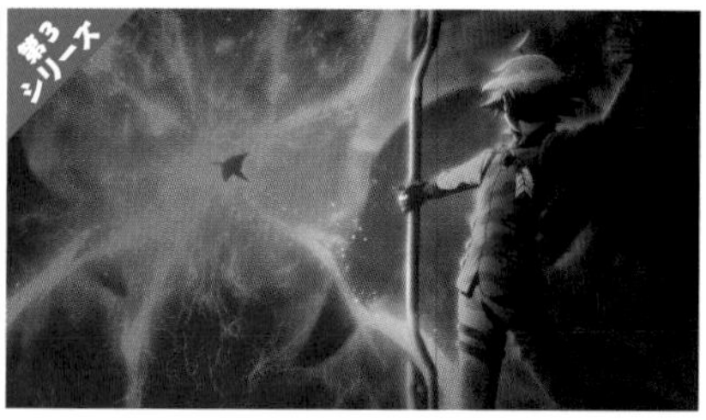

「僕は魔界で生きてやる」。名ゼリフといえばやはりこれに尽きるかと！　苦い思いを乗り越えて、入間の野心が入間自身の覚悟として語られる瞬間に読んでいて「うわ、むちゃくちゃすごいシーンじゃん！」と感動したのを覚えています。収録時には、いいシーンだけど力が入りすぎてもいけないし外しすぎてもいけないよなと僕自身の葛藤もありました。

cast interview 2

アスモデウス・アリス役

木村良平

演じながらも感じる入間やクララとの絆

きむら・りょうへい
7月30日生まれ。劇団ひまわり所属。出演作はほかに、『地獄楽』亜左弔兵衛役、『便利屋斎藤さん、異世界に行く』サイトウ役など多数。

——木村さんの演じているアスモデウスの第一印象を教えてください。

木村　カッコよくて強そうで色気のある、いいキャラクターだと思いました。入間と出会い彼に惚れ込んだことで、人生観がガラリと変わってしまうところに、おもしろさを感じました。あそこまで価値観が変わってもなお自分を失っていないように見えたので、芯のある男なんだろうなという印象もあります。

——入間と出会う前と出会った後での、アスモデウスの印象は？

木村　出会う前のアスモデウスを見る期間が短かったですけど、入間との出会いを経てアスモデウスの視野は広がっているように思います。ともに修羅場を乗り越え、精神的に成長しているようですし、どんどんいい男に育っているなと感じます。

——第3シリーズまでを通じての、アスモデウスの演技プランを教えてください。

木村　第1シリーズの第1話、入間との対決は僕としてはもっと派手にやろうと思っていたんですが、当日「抑えめに」というディレクションがありました。いまにして思えば、入間を好きになってからテンションが上がるので、その差を出したかったのだと思います。あとはコミカルなシーンでもカッコいいシーンでも、アスモデウスとしてはつねに全力を出しているように演じていました。

——アスモデウスが仕える入間について、木村さんはどんな印象を持っていますか？

木村　本人が意識せずとも、周りを引っ張ってくれる人だと思います。入間は魔界で生きていくためになりふり構わず必死でやっている感じだと思うんですけど、思い切りのよさがすばらしい。どんな方向へ進んでもそれが結果的にいい結果につながるので、すごい主人公ですよね。

——クララについてはどんな印象を持っていますか？

木村　いい子ですよね。入間たちと出会う前は変人扱いされていたみたいですけど、ちゃんと性格を知れば、みんなが好きになる子だと思います。クララを受け入れなかった子たちは、器が小さかったと思うので、入間たちと出会えて本当によかったですよね。

——アフレコで印象に残っているエピソードを教えてください。

木村　第3シリーズはアスモデウスが入間たちと別行動だったので、ずっと一緒だった村瀬（歩）さん、朝井（彩加）さんと収録する機会が少なかったんです。後半の話数でふたりと一緒になったときは、それだけでうれしかったですね。第2シリーズから若干間が空いての第3シリーズでしたけど、第2シリーズまでにいい空気感を作れていたので、掛け合いでもいい雰囲気が出せていたかと思います。

——入間たちと一緒のときと、ほかのクラスメイトたちといるときで、アスモデウスの印象の違いはありますか？

木村良平が選ぶアニメ名シーン

第３話「悪魔のお友達」です。あの話って、魔界になかった「友達」という文化を入間が持ってくるというすごいエピソードだったと思います。今後の作品全体のテーマにも関わるような、大切なエピソードでした。

どの話数とは言えないんですけど、第２シリーズからアスモデウスがクララと普通に接することができたような気がしています。彼女とのやり取りは好きなので、アスモデウスが入間だけでなくクララも「友達」と思っていることが端々から伝わり、僕もうれしくなりました。

第９話、アスモデウスが悪周期を解放したエピソードです。放送前からファンの皆さんに「楽しみです」という声をたくさんいただいていたので、自分としても気合いを入れて演じました。アフレコのときに、スタッフの皆さんと話しながら演技を調整し、結果的におもしろいシーンになったと思います。

アスモデウスは入間との出会いを経ていい男に育っているなと思います

木村　そこまで大きく変わらないと思いますけど、やはり入間、クララと一緒にいるときのアスモデウスは安定感があります。第1シリーズからずっと信頼関係を築いているからでしょうね。あと物語自体が温かいので、アスモデウスは誰と一緒でもうまくやっていけるだろうという安心感もあるんです。原作の西（修）さんのやさしさが、作品にもにじみ出ているのかもしれないと感じています。

——木村さんがもし魔界にいたら、どんな能力を持った悪魔になりたいですか？

木村　姿や声を変えられる能力を手に入れて、魔界でも役者として過ごしたいです。体型や性別まで変えられたら。あらゆる役を演じられるので、役者としてはあこがれるシチュエーションですね。

——お気に入りのキャラクターとその理由を教えてください。

木村　個人的にはクララが大好きなんですけど、これまで話題にしていないキャラクターで挙げるなら、新井里美さんの演じているスージー先生です。かわいい先生だと思うんですけど、新井さんの声が入ったことでおもしろさが増して、より印象深くなりました。

——改めて、『入間くん』という作品の魅力はどんな部分だと思いますか？

木村　登場するキャラクターがみんなおもしろいことが、何よりの魅力だと思います。みんな愛着がもてる、見守りたくなるようなキャラクターばかりで、安心して見ていられます。キャラクターだけでなく、おもしろいドラマが乗っかっているので、本当にすごいですよね。数多くのキャラクターが登場していても、破綻せずにひとつの物語に収束しているのが見ていて気持ちいいです。

——最後に読者の皆さんにメッセージをお願いします。

木村　ここまで読んでいただいてありがとうございます！　ファンブックを手に取ってくださるくらい、『入間くん』という作品を好きになってくださり、いち出演者としてもうれしいです。これからも「『入間くん』おもしろいよ！」って声を出していただけるとありがたいので、応援よろしくお願いいたします！

cast interview 3

ウァラク・クララ役

朝井彩加

あさい・あやか
5月11日生まれ。インテンション所属。出演作はほかに、『響け！ユーフォニアム』加藤葉月役、『アイドルマスターシンデレラガールズ』早坂美玲役など多数。

そのときの感情を大切に楽しそうなクララを演じる

——朝井さんの演じているクララの第一印象を教えてください。

朝井　思ったことをすぐ口に出してしまう、裏表のない子だなと思いました。じつはオーディションでは、入間とクララのふたりを受けたんですけど、クララのほうが個人的に共感できる部分は多かったんです。オーディションも自分なりに悔いが残らないようできたので、受かったと連絡がきたときはうれしかったです。

——第3シリーズまでを通じての、クララの演技プランは？

朝井　オーディションの段階で、「とにかく元気に」という演技プランを自分のなかで固めていました。素直な子だからあんまり事前に作りすぎるとクララらしさが薄れてしまうと思ったので、そのときの感情をその場で出すことを大切にしてきました。基本的に「楽しく元気」を意識しているんですが、パワーを使うので、アフレコが終わるころにはヘロヘロになっていることも多いです。カルエゴ先生役の小野（大輔）さんからは「クララはセリフの距離感がなくてそこがいい」と褒めてもらえていました（笑）。

——朝井さんはクララのほかに、ウァラク家の人々やモモノキ先生も演じていますね。

朝井　私はいろんな声を出すのが得意だと思っていて、兼役をいただいたときは「特技を活かせるぞ」と思ってうれしかったです。第2シリーズ第7話の次回予告で、クララとモモノキ先生の掛け合いをやらせていただけたのが印象に残っています。原作にないふたりの掛け合いを次回予告で入れていただいて収録も楽しかったです。

——クララのオトモダチである入間とアスモデウスについて、朝井さんはどんな印象を持っていますか？

朝井　ふたりともギャップがあっておもしろいです。入間は最初「かわいい」と思っていたんですけど、物語が進むにつれて「仲間を守りたい」とか心情の変化があって、どんどんカッコよく見えるようになりました。アズアズ（アスモデウス）は最初こそ「カッコいい」という印象だったんですけど、入間やクララとの付き合いを経ておもしろい表情をたくさん見せてくれるので、かわいいなという印象に変わりました。

——入間たちと一緒のときと、ほかのクラスメイトたちといるときで、クララの印象の違いはありますか？

朝井　クララは表裏のない子なので、態度の違いはありません。でも、個人的には入間たちといるときのほうがのびのびしているように見えます。これは本当にただの願望ですけど、私はいまの入間、アズアズ、クララの関係性が大好きで、ずっと変わらないでいてほしいと思っています。もちろん成長とともに、いろいろな変化があると思うんですけど、3人には末永く仲よしでいてほしいです……！

——クララは入間に想いを寄せ、自分なりに誘惑しようとしていますが、そんな彼女の心境についてはどんな印象ですか？

朝井　初期のクララって普通の女の子が興味を持つおしゃれとかに関心がなくて、赤ちゃんみたいだと思いました。いまはちんちくりんでたまに二頭身になるようなクララですが、ときどき入間をドキッとさせることもあるんですよね。周りのお姉さんたちの影響を受けながら、将来アズアズのお母さん（アムリリス）に匹敵するような色気のある悪魔になるんじゃないかと信じています。

——朝井さんがもし魔界にいたとしたら、どんな能力を持った悪魔になりたいですか？

朝井　私はあんまり欲がないので、そういう意味では悪魔にはなれないかもしれないです。強いて言うなら、誰かの役に立ちたいって気持ちはあるので、たとえば回復系とか、何か人の役に立てる能力があったらうれしいですね。

——お気に入りのキャラクターとその理由を教えてください。

朝井　アズアズです。理由はクララにかまってくれるからです（笑）。クララが変なことを言ったときに、ちゃんとツッコミを入れてくれるのってアズアズくらいなんですよ。あとサブノックも、クララが絡んでもおおらかに受け

入間たち3人の関係性が大好きなので末永く仲よしでいてほしいです！

入れてくれるので好きです。彼は妹がいるので、扱いが慣れているのかなと勝手に思っています。何だかお兄ちゃんみたいで頼もしいです。

――『入間くん』という作品の魅力はどんな部分だと思いますか？

朝井　シリアスな展開はありますけど、見ていて暗い気持ちにならないというのが一番だと思います。安心して見られて、純粋に楽しい作品なのが、多くの人に受け入れられている理由なんだと思います。キャラクターの抱えている気持ちに共感できるから、子供だけじゃなく大人にも刺さりますし。家族みんなで楽しめる作品なので、『入間くん』はすごいです。

――最後に読者の皆さんにメッセージをお願いします。

朝井　『魔入りました！入間くん』は本当に面白い作品です。そして、原作にはまだまだアニメに登場していない魅力的なキャラクターがたくさんいます。「音楽祭」のエピソードも次に控えているのでアニメで観られる日がきますように……！　ぜひ、応援していただけたら嬉しいです。今後とも『魔入りました！入間くん』をよろしくお願いいたします！

朝井彩加が選ぶアニメ名シーン

第1、2シリーズではクララとその家族、第3シリーズではクララのミュージカルシーンが印象に残っています！　第1シリーズのときはアフレコ現場で直接レコーディングをしたんですけど、第2シリーズから別撮りになり、どんどん本格的になっていきました。テストで家族全員を演じていたら、木村（良平）さんから「すごいね」って言ってもらえたので、それがとてもうれしかったです。

cast interview 4

アメリの魅力であるギャップを声で表現したいと思っています

アザゼル・アメリ役

早見沙織

はやみ・さおり
5月29日生まれ。アイムエンタープライズ所属。出演作はほかに『鬼滅の刃』胡蝶しのぶ役、『SPY×FAMILY』ヨル・フォージャー役など多数。

早見沙織が選ぶアニメ名シーン

入間に「初恋メモリー」を読んでもらうシーン。初期のころはアメリのギャップをどの程度つけるか考えながら演じていたのですが、あのシーンを演じたおかげで芝居の方向性が固まったので、そういう意味でも印象的です。

「乙女モード」になったアメリが、演説をしながらだんだんもとに戻っていくシーン。聴衆のみんなを見回しているときに、入間が光って見える演出に涙が出そうでした。こんなタイミングで「入間が好き」って自覚するんだなって、印象深かったです。あと第20話の入間くんとアメリの水族館デートもよかったですね。

第3シリーズ第10話、アメリと生徒会のみんながひさしぶりに絡んだシーンが、うれしかったです。みんなから「若王」と呼ばれ、アメリが「恥ずかしいから言うな！」と返すやり取りが、すごくかわいらしかったです。

――早見さんが演じているアメリの第一印象を教えてください。

早見　最初はカッコよくて頼れる生徒会長というイメージでした。でも演じ始めてから、いい意味でそのイメージが崩れ始めて、どんどんかわいくなっていきましたね。いまはかわいらしくて、とても心の温かい人なんだなと思っています。

――第3シリーズまでを通じての、アメリの演技プランを教えてください。

早見　強さと凛々しさはずっと意識していました。でも入間くんとふたりきりで「初恋メモリー」を読んでもらうシーンは、そこまで硬くならず、彼女の柔らかい部分を出すようにしています。アメリはギャップが魅力だと思うので、それを声で表現できたらいいなと思っていました。

――アメリは入間に思いを寄せていますが、早見さんの入間に対しての印象はいかがですか？

早見　素敵な主人公です！　まっすぐな心の持ち主で、無意識に人の心に染みわたる言葉をかけられるところが魅力的だと思います。私自身も入間のストレートでやさしい言葉に心を動かされることが多いです。この作品の雰囲気がとても温かいのは、入間が主人公だからこそでしょうね。

――アメリは幼少期の様子や家族とのやり取りも描かれていますが、そちらについての印象は？

早見　お父さん（アンリ）を見ていると、「この親だからこそいまのアメリがあるんだな」と感じます。ちょっと勘違いして暴走しちゃうところが、親子で本当に似ていると思って。いい親子だなって、心がポカポカします。

――早見さんがもし魔界にいたら、どんな能力を持った悪魔になりたいでしょうか？

早見　みんなにとっての1秒が1時間になるとか、時間を増やせる能力がほしいです。時間を伸ばして勉強をしたり、憩いの時間をちょっと長くしたりとかできたら楽しそうですね。

――お気に入りのキャラクターを教えてください。

早見　ひとり挙げるならオペラさんです。第3シリーズの第20話、アメリと入間に思いっきりツッコミを入れる姿がおもしろかったです。アフレコは村瀬（歩）さん、斎賀（みつき）さんと3人で収録したんですけど、斎賀さんの演技が素敵すぎて、さらに好きになりました。

――最後に読者の皆さんにメッセージをお願いします。

早見　第3シリーズまでご覧いただきありがとうございました。『入間くん』のアフレコはいつも温かい雰囲気で、アニメの映像にもその雰囲気が乗っかっているような気がしています。これからも『入間くん』の世界を作り上げるお手伝いができたらうれしいので、今後とも応援よろしくお願いいたします！

cast interview

5

子供や孫ができたら自分もサリバン状態になると思います

サリバン役

黒田崇矢

くろだ・たかや
4月17日生まれ。アクセルワン所属。出演作はほかに、『ヒプノシスマイク』天谷奴零役、ゲーム『龍が如く』桐生一馬役など。

――演じているサリバンの第一印象を教えてください。

黒田　超超超親バカ？　おじいちゃんバカ？（笑）

――ご自身とサリバンで共通していると思う部分は？

黒田　サリバンほどは表に出さないだろうけど、子供や孫ができたら私も心はサリバン状態になると思います。

――第1シリーズから第3シリーズまでを通じて、サリバンの演技プランを教えてください。

黒田　入間くんと接している時は、視野を狭く自分本位に感情の赴くままに。シリアスなシーンは、視野を広く、大人として周りに気を遣いながら演じています。

――サリバンが溺愛している入間への印象は？

黒田　かわいくてひたすらにいい子。

――サリバンに仕えるオペラについての印象は？

黒田　信頼しているが、ちょいと怖くて口うるさいなぁと感じています。

――黒田さんがもし魔界にいたら、どんな能力を持った悪魔になりたいでしょうか？

黒田　どんな病も治せる能力。

――お気に入りのキャラクターを教えてください。

黒田　やはり入間くん。まぁとにかく、かわいいですよね。

――最後に読者の皆さんにメッセージをお願いします。

黒田　いままで見続けてくださりありがとうございます。原作もまだまだ続いていますし、第4シリーズがあることを私も期待しているので、皆さんも引き続き応援してください。よろしくお願いします。

黒田崇矢が選ぶアニメ名シーン

入間くんを人間界から誘拐して、好かれるために必死になっているサリバンのシーンすべてが好きです。私自身、誰かに好かれるためにあんなに必死になったことがないので、演じていて楽しかったです。

最終回で夕陽に照らされながら入間くんとサリバンがふたりきりで話しているシーンが好きです。絵も美しいし、芝居の切り替えも大変だったので、とてもやり甲斐を感じました。

第18話で入間くんがお城に帰ってきたとき、サリバンがうれしくてうれしくてはしゃぎまくっているシーン。演じていて楽しかったですね。

cast interview 6

シリーズを重ねるうちに新しい一面がどんどん見えるキャラクターです

オペラ役

斎賀みつき

さいが・みつき
6月12日生まれ。賢プロダクション所属。出演作はほかに『天元突破グレンラガン』ロシウ・アダイ役、『薔薇王の葬列』リチャード役など。

――演じているオペラの第一印象についてお聞かせください。

斎賀　性別不詳で意図的に個性を消しているような悪魔だったので、「どういう人なんだろう?」と探るところから始まりました。最初は入間ともそこまで絡まず、あくまで外から見守る悪魔という印象でしたが、シリーズを重ねていくうちにやさしい一面やおちゃめな部分がどんどん見えてきました。ファンの皆さんから「じつは最強なんじゃないか」とたまに言われますけど、そういう想像の余地があるおもしろいキャラクターです。

――第3シリーズまでを通じての、オペラの演技プランを教えてください。

斎賀　アフレコ現場では「中性的に」というディレクションでした。最初は少し冷たく演じていましたが、だんだん入間を理解し、家族として受け入れているような気持ちがオペラにあったと思うので柔らかさやさしさを少しずつ出していきました。

――オペラが仕えているサリバンの印象は?

斎賀　声を担当するのが黒田崇矢さんと知ったときはびっくりしました。崇矢さんが演じるということは、絶対にとんでもなく強い悪魔ですからね(笑)。入間としゃべっているときは柔らかいですけど、「怒らせたら絶対怖いだろうな」と思わせる雰囲気を漂わせているのはすごいです。強くてやさしい、尊敬できる人物だからこそ、オペラも「支えたい」と思っているのではないでしょうか。

――サリバンの孫となった入間の印象もお聞かせください。

斎賀　オペラを演じる私としては、成長を見守る親のような気持ちで見ています。頼みごとを絶対に断らないという性格は、やさしすぎるんじゃないかと心配になることもあるんですが、魔界に来てどんどん自分を出している彼を見ていると、よかったと思いますね。いつか周りの友達に「自分は人間だ」と言わなくちゃいけないかもしれませんけど、たとえそうなっても変わらないよう、強く成長してほしいと思っています。

――オペラの後輩であるカルエゴの印象は?

斎賀　かわいい後輩だなと思います。怖そうに見えるけどじつは情に厚く生徒思いなところも、いいキャラクターですよね。小野(大輔)さんがカルエゴのツンデレを楽しく演じているので、よけいにかわいく見えますね。

――斎賀さんがもし魔界にいたら、どんな能力を持った悪魔になりたいでしょうか?

斎賀　魔界って「出る杭は打たれる」みたいな世界だと思うので、そんなに目立つ強さは手に入れたくないですね(笑)。回復系とか人の役に立てる能力を持って、保健室の先生とかやりたいです。

――個人的にお気に入りのキャラクターを教えてください。

斎賀　みんな魅力的なんですけど、バラム先生が好きなんです。見た目はいかついものの、めちゃめちゃいい人なので、見ていてほっこりします。小西(克幸)くんの声や芝居がぴったりで、入間のそばに付いていてほしい先生だなと思います。

――最後に読者の皆さんにメッセージをお願いします。

斎賀　私は子供から大人まで幅広く愛される『入間くん』が大好きで、こういう作品はどんな時代にもあったほうがいいと思っています。第4シーズンも絶対やってほしいので、皆さんも応援してください。これからも一緒に『入間くん』を楽しみましょう!

斎賀みつきが選ぶアニメ名シーン

第23話などにある、入間が家に帰ってきたときのサリバンとの団らんの時間が好きなんですよ。複雑な家庭に育った入間は家族との和やかな時間って経験したことなかったでしょうから、その時間をサリバンたちが与えていることにほっこりします。

第12話のカルエゴの家庭訪問エピソードは印象的でした。私も学生時代のオペラがこんな感じだったのかと、台本を読んだときに初めて知ったので、そういう意味でも印象深かったです。オペラの新たな一面がたくさん見えたエピソードでした。

第20話の入間、アメリと一緒に料理をするエピソードがおもしろかったです。オペラを演じながらあんなにツッコミを入れたのはかつてなかったので、貴重なエピソードだと思いました。オペラの新たな個性を引き出したアメリと入間はすごい!

Chapter 6
第3シリーズエピソード

第1話 問題児《アブノーマル》クラスの新学期

脚本／筆安一幸　絵コンテ／森脇真琴　演出／佐藤まさふみ

ウォルターパークでの活躍により周囲から持ち上げられ、大喜びの問題児《アブノーマル》クラス。そんな彼らに担任のカルエゴが課したのは、２年生になるまでに全員が位階４(ダレス)に昇級すること。それができなければ王の教室《ロイヤルワン》から退去しなければいけないという難題だった。サポートとしてつけられた特別講師は全員がひと癖もふた癖もある悪魔たち。入間はリードとともにロビンとバチコに指導を受けるが、命じられるのは掃除や使い走りなどの雑用ばかり。

見どころCheck!

顔なじみのバラム、ライム、ロビンに加えて、新たに登場した特別講師陣。それぞれの得意とする分野におけるプロフェッショナルであり、カルエゴが問題児《アブノーマル》クラスのために選抜した悪魔だ。

第2話 師匠バチコ

脚本／筆安一幸　絵コンテ・演出／辻橋綾佳

来る日も来る日もバチコに使い走しられ、悔しがっていた入間だが、問題児《アブノーマル》クラスのみんなの努力を知って気合いを入れ直した。一方のバチコはサリバンに言われて特訓のことを思い出し、入間に家系能力「百射百中」を披露。集中と忍耐が必要な弓は悪魔に向いていないと告げるバチコに対し、入間は目を輝かせて教えを乞う。そんな姿に戸惑いながらも、バチコは新たな武器を用意するために入間とともに魔具研究師団へと向かうのであった。

見どころCheck!

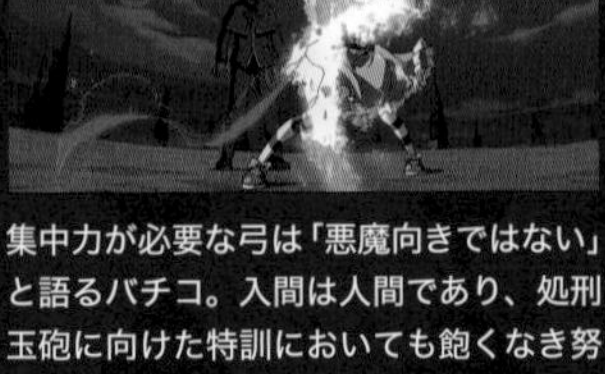

集中力が必要な弓は「悪魔向きではない」と語るバチコ。入間は人間であり、処刑玉砲に向けた特訓においても飽くなき努力を見せていた。そんな彼にとって弓はまさにピッタリの武器と言えるだろう。

第3話

入間の本音

脚本／筆安一幸　絵コンテ／森脇真琴　演出／日下直義

特別講師のもとで特訓に励む問題児《アブノーマル》クラスの面々。弓の指導を受ける入間もまた、金剪《かなきり》の長の羽に魔力を込めて自分だけの弓を作る訓練をしていた。大事なのは「自分の欲しい弓」をイメージすることだとバチコは言うのだが、なかなか満足のいく弓が作れない。そんな彼に対し、最後のチャンスを与えたものの、バチコは入間が諦めるだろうと思っていた。だがアリさんの助けもあり、入間は自分自身の「欲」に向き合い弓を生成し、見事に期待に応えた。

見どころCheck!

見込みがなければ即時撤退予定だった特別講師陣。そんな彼らに気に入られる結果を残した問題児《アブノーマル》クラスの面々。優れた資質を示したことで、彼らはさらなる過酷なトレーニングへと放り込まれる。

十人十色の特別訓練風景

入間とリードは個別指導になったが、基本的にはふたりずつに分かれた問題児《アブノーマル》クラスの生徒たち。さまざまな形で実施された特訓風景から、彼らの努力の軌跡を振り返っていく。もしも自分が悪魔だったらどの特訓を受けてみたいかを考えてみるのもおもしろいかも!?

集中力を鍛えるための特訓

適度に遊べば楽しいゲームも、強制的に延々とプレイさせ続けられれば苦痛となる。その苦痛を乗り越える忍耐力と集中力は、並の悪魔には決して持つことができないものだ。

精神面を鍛えるための特訓

魔獣を使役するには恐れや嫌悪の感情を取り払う必要がある。魔獣とつねに触れ合う生活は極めて理にかなった特訓だ。

テクニックを鍛えるための特訓

相手を魅了することも相手を騙すこともテクニックが重要となる。方向性こそ違うものの、大人の技術を磨いている。

家系能力や戦闘能力を鍛えるための特訓

水中に閉じ込められて脱出を試みたり、昼夜を問わずひたすら戦い続けたり、フィジカルな鍛錬が行なわれている。

第4話

収穫祭の狼煙

脚本／加藤還一　絵コンテ／辻橋綾佳　演出／高林久弥

いよいよ迎えた収穫祭当日。入間は、特訓を終えて顔つきや雰囲気が大きく変わった問題児《アブノーマル》クラスの面々と合流。講師陣に見守られるなか、ふたりずつのチームに分かれてフィールドに入り、収穫祭がスタートした。アスモデウスは入間との再会を喜んだものの、一緒に組むことができず悲しみに暮れるが、優勝を目指しフィールドで次々と大型の獲物を倒していく。そんな彼とサブノックに、戦場帰りのドロドロ兄弟が勝負を挑んできた！

見どころCheck!

ドロドロ兄弟、ナフラ、オロバスといった他の生徒たちとは一線を画す風格の悪魔たち。それぞれが問題児《アブノーマル》クラスの面々と深く関わることになる生徒であり、収穫祭におけるキーキャラクターだ。

第5話

狡猾な悪魔

脚本／加藤還一　絵コンテ・演出／伊藤慎之助

ドロドロ兄弟ことイチロとニロは、アスモデウスとサブノックに、「自分たちの師匠を返してもらう」という理由で勝負を挑む。同じころ、ケロリはカムイとともに森の獣たちを従えていた。一方のジャズとシュナイダーはフルフル軍曹による特訓の日々を思い返す。魔界クラブでこき使われたふたりは騙し騙されてのテクニックを学び、大人の駆け引きや観察力を身につけていた。そんななか、入間はポイントを狙う生徒たちに狙われてしまう。

見どころCheck!

これまであまり描かれてこなかったジャズとシュナイダーの組み合わせが深掘りされる魔界クラブ「ヴァルバラ」のシーン。努力する姿や、互いの心の内を明かして信頼し合っていく姿に胸が熱くなる。

第6話

魔性のピュア

脚本／加藤還一　絵コンテ／佐藤まさふみ　演出／森田侑希

昔の記憶がよみがえり“サバイバル・ハイ”になった入間は森に慣れるため、リードと緊張感のない時間を過ごしていた。ふたりが思い出すのはデビコンで女子たちと食事会をしたときのこと。思い出話に花を咲かせるふたりの前に現れたのはクララとエリザベッタだった。入間がクララにさらわれて、エリザベッタとふたりになったリードは誘惑に負けて、隠していた食材を差し出してしまった。同じ頃、入間はクララの着ぐるみのなかに取り込まれていた。

見どころCheck!

リードと入間の回想という形で描かれたデビコン。モテるために奮闘するリードの姿が印象的だった。また、問題児《アブノーマル》クラスの面々が普段から交流を持って仲良くしていることも伝わってきた。

第7話

クララのおもちゃ箱／叫び声の響く夜

脚本／大島のぞむ　絵コンテ・演出／佐藤まさふみ

クララの着ぐるみの中に入れられた入間は、家系能力の呼び出し（トイトイ）と幻術を応用した「クララのおもちゃ箱」に閉じ込められた。おもちゃ箱の世界でバテるほど遊んだクララは、入間が自分にメロメロなように自分も入間にメロメロであることを自覚し、魅了勝負が引き分けに終わったと感じるのだった。そんな１日目の夜、リタイア確定の生徒たちが教師陣に助けられる一方で、ハルノたち４人娘は巨大な城のなかに避難し、ピケロと出会う。

見どころCheck!

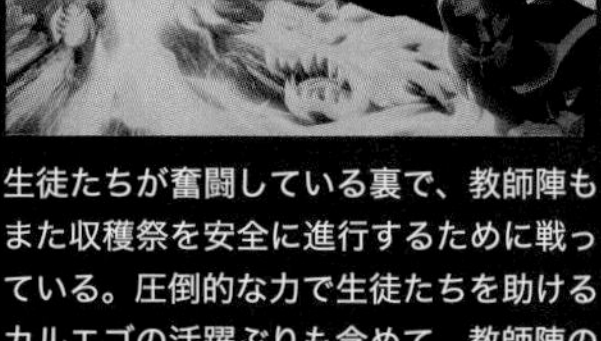

生徒たちが奮闘している裏で、教師陣もまた収穫祭を安全に進行するために戦っている。圧倒的な力で生徒たちを助けるカルエゴの活躍ぶりも含めて、教師陣の頼もしさや優秀さが描かれている。

第8話

お仲間100人できるかな／自慢の弟子たち

脚本／大島のぞむ　絵コンテ・演出／辻橋綾佳

城はピケロが家系能力・寝床《マイエリア》で作ったものだった。逃げてきた生徒たちを城に保護しようとするゴエモンを制止。過去に経験した彼のお人好しぶりを思い返しながら、その意志を尊重して保護を許可したが、あまりにも生徒の数が多すぎて叫び声を上げるのだった。一方その頃、特別講師陣はサリバンたちを交えて宴会をしていた。中継でそれぞれの弟子たちの活躍を見ながら、話題はいつの間にか弟子自慢へと発展して激論を交わし合うのだった。

見どころCheck!

ピケロとゴエモンの意外な関係性とエピソードが明らかになった。最初は本気で嫌がってゴエモンを拒絶していたピケロが、次第にほだされていって心を許せるようになっていく過程は必見だ。

第9話

ドロドロ兄弟の挑発

脚本／大島のぞむ　絵コンテ／森脇真琴　演出／山崎立士

ドロドロ兄弟がアスモデウスとサブノックに勝負を挑んだのは、フルフル軍曹を自分たちのもとに連れ戻すためだった。アスモデウスたちの師匠がフルフル軍曹だと誤解しているドロドロ兄弟は、容赦なく勝ちを狙う。サブノックに直接攻撃させてリタイアを狙う作戦こそ失敗したが、依然、戦況は兄弟が優勢だった。だが、入間を愚弄されたと感じたアスモデウスが意図的に悪周期を解放したことで形勢逆転。兄弟との勝負に勝って大量のポイントをゲットした。

見どころCheck!

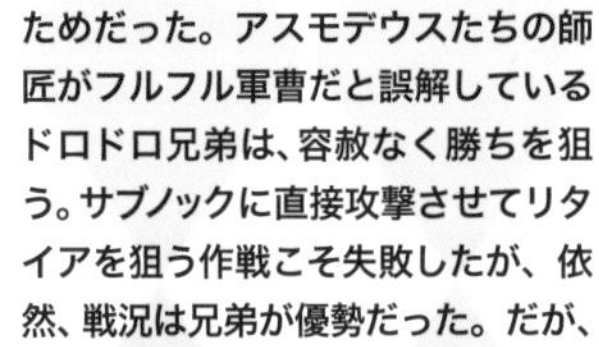

初めて描かれた悪周期のアスモデウス。退廃的な色気と強大な破壊の力を振りまくその姿は、まさに恐るべき悪魔といった雰囲気だ。普段の姿とのギャップが危険な魅力を際立たせている。

第10話

私の知るイルマは

脚本／守護このみ　絵コンテ／辻橋綾佳　演出／日下直義

収穫祭２日目の朝、入間とリードはポイント０からの逆転を目指すためにレジェンドリーフの収穫を狙う。ヒントを得るため、ふたりは魔獣の言葉がわかるカムイのもとへ向かった。そこではケロリが王国を築いており、情報の対価にかわいく歌って踊ることを要求された。一方その頃、アメリ率いる生徒会はリタイアした生徒たちの救出作業についていた。そして、リタイアテントに来たアメリは賭けをしているジャズとシュナイダーに遭遇する。

見どころCheck!

Mr.ハットのもとで経験した特訓の日々などがストレスとなり、悪周期に入りかけていたケロリ。そんな彼女の心を癒やしたのは、アクドルに匹敵する魅力を秘めた入間＆リードの歌と踊りだった。

第11話

魔神トートー

脚本／守護このみ　絵コンテ・演出／霜鳥孝介

問題児《アブノーマル》クラスの面々だけを襲っている生徒がいるという情報を聞いたアメリは、入間の身を案じる。同じ頃、入間とリードは効率を重視して別行動を取っていた。地下洞窟で罠にかかっていたナフラを助けた入間は、一緒に探索して始まりのタネを発見。だがそれは魔神トートーによって守護されていた。新しい知識を求める魔神に対し、入間はナフラ協力のもと、「初恋メモリー」の物語を熱演して見事に始まりのタネを託された。

見どころCheck!

奇妙な見た目に加えて異臭を放っているナフラ。収穫祭においてライバルでもある相手を躊躇いなく助ける入間の優しさと、そんな入間に感激して力を尽くそうとするナフラの健気さに心が温まる。

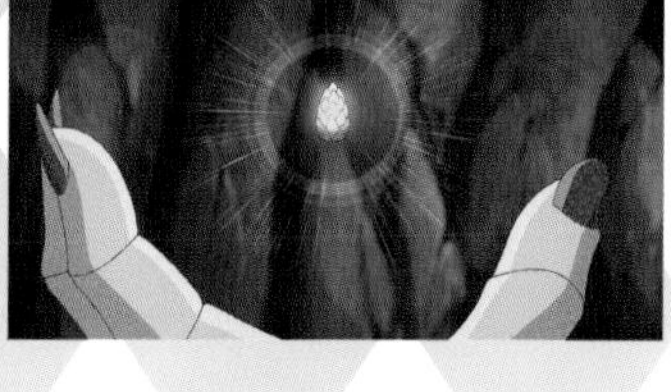

第12話 願いを弓に

脚本／守護このみ　絵コンテ／寺田和男　演出／高林久弥

「始まりのタネ」を手にした入間とナフラだったが、入間の前に突如として両親が現れた。それはオロバスによって生み出された幻影だったが、圧倒された入間は谷底へと落下してしまう。アスモデウスを始めとした大切な人たちからも拒絶される幻影に苦しむ入間。そんなときに彼の脳裏によぎったのは、バチコの言葉と特訓の日々だった。みんなと一緒にいられなくなる恐怖に打ち勝つため、入間は弓矢で幻影を撃ち抜き、魔界で生きることを決意する。

見どころCheck!

数え切れないほどの修羅場をイメージしながら積み重ねた特訓。努力に裏打ちされた弓を撃つ姿は力強さにあふれていて、とてもカッコよかった。入間の弓が実戦で披露された貴重な瞬間である。

第13話 僕だけの魔術

脚本／守護このみ　絵コンテ／稲垣隆行　演出／森田侑希

収穫祭３日目。無事な問題児《アブノーマル》クラスの面々は軒並み高ポイントを獲得していた。カルエゴは暫定ポイントを発表しつつ、0ポイントの入間たちに発破をかける放送をした。同じ頃、入間は地下洞窟からの脱出を試みていた。自分の血をニギニギ草にかけて急成長させ、ナフラと一緒に脱出することに成功。そして、中継を通じてリードに「始まりのタネ」を獲得したことを告げた。一方のリードもまた、数々の苦難を乗り越えて「終わりの鉢」を入手していた。

見どころCheck!

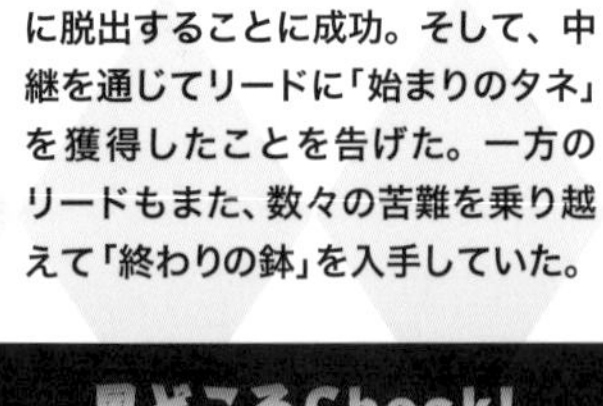

ダイジェストでの描写だったが、数々の試練を乗り越えていたリード。入間がナフラとともに乗り越えたタネの試練に匹敵する難易度をひとりで攻略したと考えると、とてつもない偉業を成し遂げたと言える。

第14話

リードの苦悩

脚本／守護このみ　絵コンテ・演出／辻橋綾佳

エリザベッタに終わりの鉢を奪われたと告げるリードに対し、入間は他の生徒による幻覚の魔術の可能性を指摘した。それを聞いたリードは家系能力を使ってクララ、ケロリとともに温泉に入っているエリザベッタを発見。話を聞くために魔獣たちの王国に向かったふたりが見たのは、ケロリとカムイが魔獣を率いてピケロたちの城に侵攻している光景だった。その脅威に対し、城の面々はゴエモンの剣技とチームワークを生かして立ち向かう。

見どころCheck!

ジャングルにいるあらゆる者たちの聴覚を奪い続け、エリザベッタの居場所を突き止めたリード。過酷な特訓の成果が出ている場面であると同時に、リードのすさまじさが描かれた場面でもあった。

第15話

弓使いの真価

脚本／大島のぞむ　絵コンテ／寺田和男　演出／土門健一

魔獣王国に参戦したエリザベッタの活躍により、ピケロ＆ゴエモン組は苦戦を強いられることに。そんな戦いの最中、魔獣王国にやってきた入間とリードは、ナフラの言葉をカムイに解読してもらい、オロバスが問題児《アブノーマル》クラスを襲撃していたことを知る。クララがひとりで森のなかにいると聞き、助けるためにリードとともに森に入った入間は、魔獣に襲われている彼女を発見。最後の弓を使って魔獣を撃ち抜き、幻覚の魔術もろとも吹き飛ばすのだった。

見どころCheck!

オチョにささやかれることで思考をコントロールされて、非道な行為に手を染めてしまっているオロバス。彼が本来はマジメな悪魔であることと、オチョが黒幕であることが示唆されていた。

第16話 収穫祭の終わり

脚本／大島のぞむ　絵コンテ・演出／佐藤まさふみ

“オトモダチ”を守るためにオロバスに攻撃し、失格となったアスモデウス。彼は一切の後悔はないと告げて入間に優勝への思いを託した。ジャズとともにオロバスへのリベンジのため動いていたシュナイダーも、オロバスから密かに取り返していた「終わりの鉢」をふたりに託した。問題児《アブノーマル》クラスの面々が次々と好成績で収穫祭を終えるなか、入間とリードはみんなから託された期待を背負い、いよいよ「レジェンドリーフ」を咲かせようとする。

見どころCheck!

昇級など眼中になく、入間の無事が最優先。そんなアスモデウスの厚い忠誠心が感じられた一幕。その後のスキ魔で入間の側にいたかったと判明するところまで含めて、彼の魅力が描かれている。

第17話 伝説《レジェンド》のリーフ

脚本／筆安一幸　絵コンテ／森田侑希　演出／日下直義

ナフラの虹如露《にじじょうろ》とクララが集めていた膨大な魔力を用いて、10万ポイントの「レジェンドリーフ」を咲かせた入間たちは、それぞれ5万ポイントを獲得した。そして迎えた結果発表。オロバスが5万8千ポイントで優勝したかに思われたが、終わりの鉢の2万ポイントが配分され、入間たちの逆転優勝が決まった。オロバスも己の非道を謝罪して、全てが丸く収まった。そんななか、「レジェンドリーフ」が新たな若王の誕生を祝して褒美を与えると告げる。

見どころCheck!

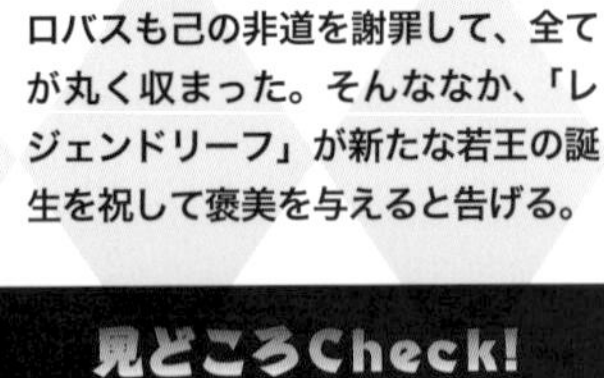

謝罪に対し、入間とリードは温かい言葉をかけた。さらに周囲からも続々と称賛の声がかけられて、オロバスは戸惑いながらも照れの表情を見せる。これまでの険しい表情とのギャップに注目したい。

第18話

おかえり

脚本／筆安一幸　絵コンテ・演出／霜鳥孝介

「レジェンドリーフ」の褒美は収穫祭の森全体を覆う満開の桜。学校中が歓喜に包まれるなかで始まった表彰式とランク発表。入間とリードは揃って位階4（ダレス）に昇級し、問題児《アブノーマル》クラスの面々も活躍が評価されて続々と昇級を果たした。バチコに褒められ、打ち上げでアスモデウスとクララと一緒に過ごした入間。カルエゴを使い魔として召喚してしまい怒鳴られる一幕もありつつ、家に帰ればサリバンとオペラに温かく迎え入れられて、幸せな一日となった。

見どころCheck!

両親に連れ帰らされそうになり、サリバンからも見放されるという「幻影」を見せられた入間。そんな彼が本物のサリバンとオペラに温かく迎え入れられる光景は涙なしに見ることはできない！

第19話

教師陣の宴《うたげ》

脚本／筆安一幸　絵コンテ／川崎逸郎　演出／高林久弥

収穫祭が終わり、教師陣も居酒屋に集まっていた。普段は飲み会に参加しないカルエゴも交えて、話題はカルエゴの新人時代の話から入間の活躍に移る。入間たち問題児《アブノーマル》クラスだけでなく、生徒全員が魔界の大事な宝であるという心構えを新たにしつつ宴を楽しむ教師たち。一方その頃、ロビンに撃退されたオチョは13冠・バールのもとに舞い戻っていた。そして、オチョが録音していた音声によりバールとキリヲに入間が人間であることがバレてしまう。

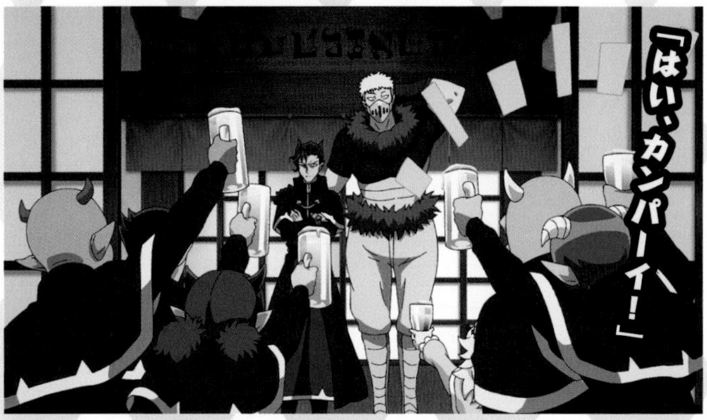

見どころCheck!

バールのもとで暗躍しているキリヲ。入間に手を出したオチョに激昂したり、入間の絶望する顔を想像して興奮したり、歪んだ内面は健在だ。次々と変化していく彼の表情や声色にも注目したい。

第20話

悪友／真心クッキング教室

脚本／筆安一幸　絵コンテ・演出／辻橋綾佳

「イルマくんが部屋にいる〜なんか変な感じ〜」

サリバンに買ってもらったゲーム機を持ってリードの家に来た入間は、好きな女子のタイプやどちらが弟かの言い争いなどで盛り上がる。リードの姉・シャッキーは、彼のクラスメイトへの振るまいの変化を見て弟の成長を感じていた。またあるとき、入間はお菓子作りのためにアメリを家に招待した。料理について無知なふたりだったが、オペラの手厚い指導を受けてなんとか完成。できたお菓子をアメリは入間に、入間はサリバンたちに配るのだった。

見どころCheck!

食材はすべて煮て食べろという考えの入間と、父をノックダウンさせる料理下手のアメリ。ふたりが作る料理は凄惨のひと言に尽きた。驚愕し、怒りとともに厳しく指導するオペラの奮闘ぶりが涙を誘う。

第21話

トモダチへの言葉

脚本／筆安一幸　絵コンテ／辻橋綾佳、東田夏実　演出／東田夏実

バチコを家に招いたサリバンは、師匠を務めてくれたことに感謝しながら入間が人間であることを伝えた。最初は驚いたバチコだったが、思わず納得。その日、入間とクララはアスモデウスの家に招待されていた。久々に３人で楽しい時間を過ごすが、ふたりに対して人間であることを隠していることに悩む入間。しかしアムリリスから「秘密があってもいい」と背中を押され、今は言わないことを決意。改めてふたりに感謝を伝え、３人は笑い合った。

「いつか、全部を話したいな」

見どころCheck!

入間がお揃いの位階４（ダレス）になったことがうれしくて仕方ないアスモデウス。入間とお揃いの位階ではなくなって悔しがりつつも、これまでと変わらず天真爛漫に笑うクララ。絆の深さを感じさせる。

Chapter 7
設定資料＆アートギャラリー

Prop Design

説明ボード

カルエゴが授業の説明時に使用したボード。かわいいデザインは嫌いらしく、説明後にははたき倒されたり穴を開けられたりした。

教科書

バビルスで使用する教科書。科目ごとに表紙のデザインはいくつかあり、問題集などもある。表紙と裏表紙に校章が入っている。

バビルス校章

位階紋《ランクもん》

悪魔としての強さを示す。数字が大きいほど強い。

教師心得

カルエゴが制作した教師の心得。バビルスの教師としてどうするべきかが記されており、新任のロビンもしっかり読んでいる。

食堂のメニュー板

食堂のメニュー表。ランクごとに食べられるメニューが違い、高ランクの料理の方が豪華。誰でも注文できるフリーメニューも少しある。

通学カバン

入間たちバビルスの学生が持っているカバン。フタの部分がギザギザしている。教科書などがたっぷり入るよう、マチは広め。

サブノックの剣

サブノックの家系魔術で作られた剣。大柄なサブノックの身長を超える大きさだ。材質は生成時に噛んでいた素材によって変化する。

初恋メモリー

生徒会室の隠し本棚にしまわれている、人間界の少女マンガ。人間界の事象を記した禁書としてアザゼル家に代々伝わっている。

カルエゴの持ち物

使い込まれたカバンとそれぞれの生徒ごとに情報をまとめたファイル、常に持ち歩いている手帳の私物三点セット。

魔術で咲かせた花

スージーの授業で咲かせた花。特殊な苗に魔術を使うと苗が成長し、それぞれの魔力やイメージを反映した花が咲く。

アスモデウスの花

クララの花

スージーの花

リードの花

エリザベッタの花

ゴエモンの花

ジャズの花

ケロリの花

ピケロの花

サブノックの花

シュナイダーの花

ス魔ホ

小型の電話。通話のほか、グループチャットや画像共有なども可能。カラーバリエーションも多彩だ。バールのス魔ホは特別デザイン。

ゲーム機＆ソフト

リードの持っているゲーム機とゲームソフト。携帯機や据え置き型など、ハードがいくつかあり、RPGやパズルゲームなど種類も豊富。

ンジャラカ

オリアスとの勝負で使用したボードゲーム。クララ考案のゲームで、一定時間おきに踊ったりコマが勝手に移動したりとルールが難解。

魔王の玉座

魔王デルキラが使用していた王の教室《ロイヤル・ワン》にある玉座。魔王のサイズに合わせて作られており、かなり大きい。

ロノウェのゴンドラ

ウォルターパークでパレードをしていたロノウェのゴンドラ。魔獣騒動終了後には入間たちを乗せてパレードをして客をよろこばせた。

トランシーバー

六指衆《むさしのしゅう》が使用していたトランシーバー。広いウォルターパーク内でも問題なく会話可能。アンテナ部分が角っぽい。

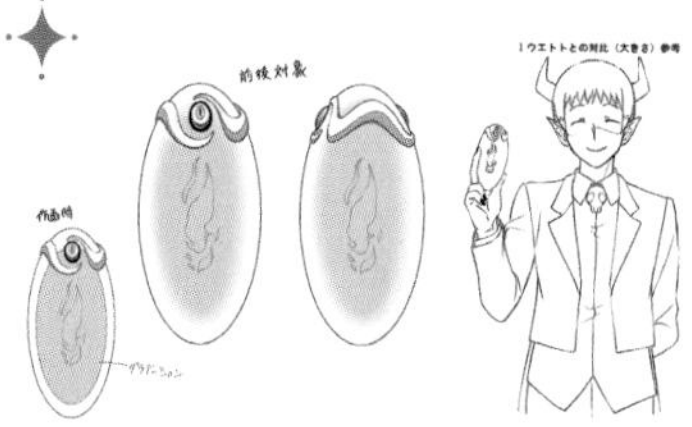

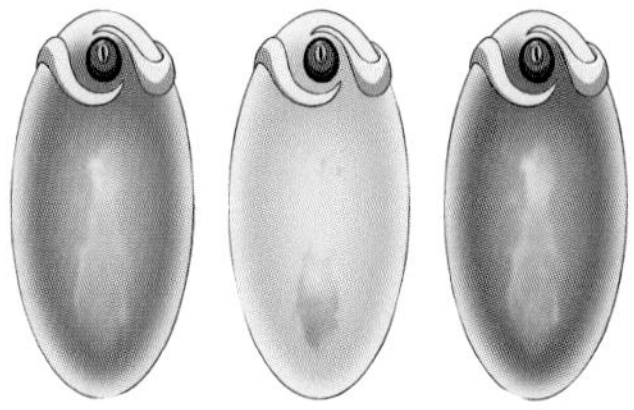

魔獣卵

魔獣を召喚する卵。六指衆《むさしのしゅう》が魔力を込め、ウォルターパークの特定の場所で孵化させてパーク内に危険な魔獣を生み出した。

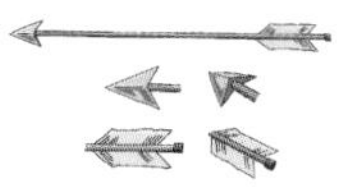

入間・バチコ・ロビンの弓

バチコとロビンは家系魔術、入間は特訓で身につけた弓。使用者によって形が異なっている。

クララの水鉄砲

入間の水鉄砲

水鉄砲

クララのおもちゃ箱内で登場した水鉄砲。入間の水鉄砲はかわいく、クララの水鉄砲はへんてこで楽しいデザイン。

レジェンドリーフ

終わりの鉢に始まりのタネを植え、協力者（今回はナフラ）の持つ特別なじょうろで水を与え魔術を使うと咲く。ノリが軽い。

虹如露《にじじょうろ》　始まりのタネ　終わりの鉢

悪魔学校バビルス

サリバンが理事長を務める学校。1年棟や師団《バトラ》棟、講堂などがある。通学路の先にはサリバン邸がある居住区もある。

学校全体外観

通学路

講堂

本館正面

植物塔

中庭

中央広場

魔具研究師団《バトラ》室

職員室

遊戯師団《ゲームバトラ》室

理事長室

図書室

問題児《アブノーマル》クラスの教室

コース外観

ゴール地点

スタート地点

飛行試験《ひこうレース》会場

新入生の位階(ランク)を決めるための試験・飛行試験を行う場所。比較的安全な囀り谷コースと厳しい金剪の谷コースを飛んでゴールを目指す。

第１ブロック

入間たちの宿営地

収穫祭会場

昇級試験・収穫祭のためにバビルスの裏に作られた巨大な森。４つのブロックがあり、食材となるさまざまな動植物や魔獣が生息している。

第２ブロック

本部テント

第３ブロック　報告筒

師団披露会場《バトラパーティ》

各師団《バトラ》による発表会と新人団員披露会を兼ねた行事。前夜祭、本祭、後夜祭と３日間開催され、本祭では生徒たちの家族も遊びに来る。

入り口

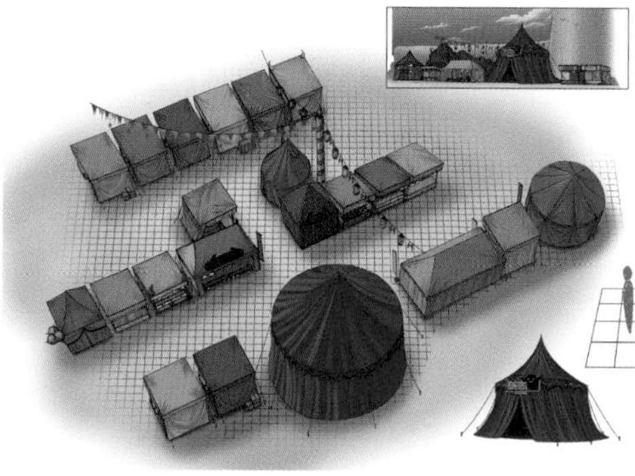

テント

カムカムさん出張店

サリバンの屋敷

サリバン、オペラ、入間が住んでいる屋敷。それぞれの部屋がとても広く内装も豪華。

外観

廊下

食堂

入間の部屋

カルエゴの部屋

カルエゴが使い魔召喚試験で入間の使い魔となり、ショックで寝込んでいた部屋。物は少ないが、窓辺にはサボテンが置かれている。

クララの家

ウァラク家の者しか道がわからないガヤガヤ森にある。ドアの旗は、外側が「ただいま」、内側が「おかえり」と書かれている。室内もキッチンも森の動植物も、不思議なものだらけ。

メインストリート

観覧車

服服屋「キャスリン」

絶叫コースター付近

ウォルターパーク

魔界屈指の遊園地。アトラクションのほか、ショップ街、ライブドームなど遊び場がたくさんある。

アクアケース

三傑のひとりレディ・レヴィが運営するレジャー施設。水族館とプールが合体しており、水着のまま館内で遊ぶことができる。

ステージ

外観

魔苦針《まくばり》ドーム

魔界屈指の大きさを誇るドーム。かなりの人数が入れるため、人気アクドル・くろむの朝昼晩《いちにち》ライブなど、大型イベントに使用される。

外観

控え室

全体図

魔関署

罪を犯した悪魔を取り締まる機関。
警備局局長はアメリの父、アンリ。

外観

取り調べ室

悪童の園

キリヲもかつて入っていた、幼少期の悪魔を徹底管理して育成する矯正教育初等学校。かなり厳しい指導が行われている。

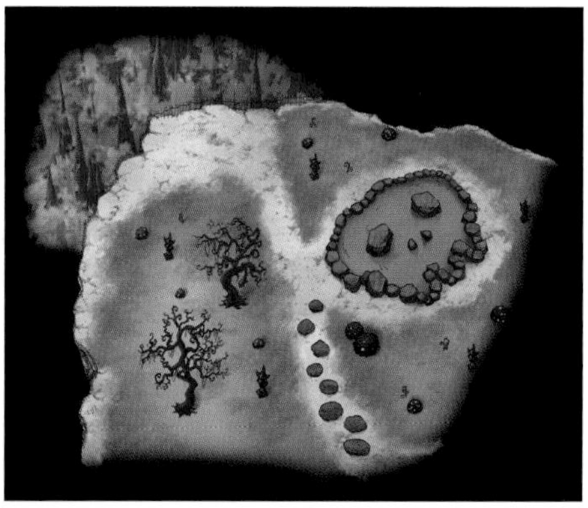

裏庭

魔界塔《バベル》

魔界のどこかにある666階建ての塔。魔界の英傑である13冠が集まり、定例会議「13冠の集い《サーティーン・ディナー》」を行う。

外観

666階

665階

厳選イラストセレクション

雑誌に掲載された『魔入りました！入間くん』の描きおろしイラストと、Blu-ray & DVDイラストをピックアップ！

アニメージュ2020年3月号
原画／尾崎正幸
作監／原 由美子
仕上げ／高谷知恵
特効／福田直征

アニメディア2021年4月号
原画／永田善敬
作監／原 由美子
仕上げ／高谷知恵
特効／福田直征

アニメージュ2021年8月号
原画／原 由美子
仕上げ／高谷知恵
特効／福田直征

アニメディア2021年6月号
原画／髙畑かおり　仕上げ／高谷知恵　特効／福田直征

第１シリーズ　Blu-ray＆DVD（全６巻）　原画／佐野聡彦　仕上げ／高谷知恵　背景／吉田ひとみ（vol.1のみ）　特効／福田直征　撮影／千葉洋之（vol.6のみ）

第2シリーズ
Blu-ray＆DVD（全2巻）
原画／原 由美子
仕上げ／高谷知恵
特効／福田直征

第3シリーズ　Blu-ray＆DVD（全3巻）　原画／原由美子　仕上げ／高谷知恵　特殊効果／福田直征　撮影／千葉洋之（vol.2 のみ）

厳選原画セレクション

第３シリーズまでに描かれたアニメ原画をピックアップして大公開！　原画でしか見られない構図などを堪能しよう！

第２シリーズ　第１話　入間
原画／和泉晃耶

第１シリーズ　第３話　入間＆アスモデウス＆クララ　原画／石田智子

第２シリーズ　第８話　悪入間
原画／ GAONNURI Animation

第３シリーズ　第12話　入間　原画／菊地加純

第２シリーズ　OP　入間＆悪入間　原画／山崎正和

第１シリーズ　第３話　クララ　原画／上野泰寛

第１シリーズ　第３話　アスモデウス&クララ　原画／石田智子

第１シリーズ　第８話　クララ　原画／ J-CUBE ANIMATION

第１シリーズ　第10話　アスモデウス
原画／ Yabes Production

第１シリーズ　第22話
イルミ&
アスモデウス&クララ
原画／柘植未宇

第２シリーズ　第18話　アメリ　原画／内原茂

第１シリーズ　第17話　アメリ＆エイコ　原画／重田敦司

第２シリーズ　第12話　入間＆カルエゴ　原画／高井浩一

第２シリーズ　第12話　カルエゴ　原画／むらせまいこ

第２シリーズ　第12話　カルエゴ　原画／小坂美穂

第１シリーズ 第22話 イルミ、くろむ
原画／GAONNURI Animation

第３シリーズ 第10話 ケロリ 原画／竹原麻衣

第２シリーズ OP クララ、アメリ、エリザベッタ、ケロリ 原画／山崎正和

第２シリーズ OP 問題児《アブノーマル》クラス 原画／志田ただし

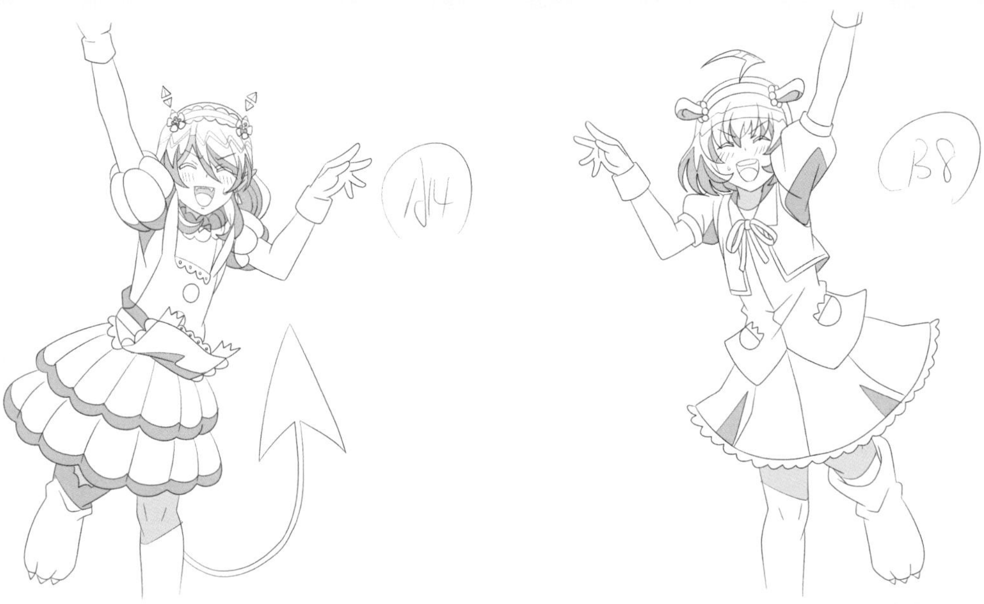

第３シリーズ 第10話
リンディ&イルミナティ
原画／湯浅聖也

第３シリーズ 第８話 ピケロ&ゴエモン 原画／邵 延軒

第３シリーズ 第９話 アスモデウス&サブノック 原画／小幡公春

第２シリーズ 第15話 ピケロ 原画／小村柚葉

第２シリーズ 第15話 ジャズ 原画／宮内正樹

『魔入りました！入間くん』アートギャラリー

第２シリーズ 第16話　オペラ&アメリ　原画／近藤高光

第１シリーズ　第18話　キリヲ　原画／ GAONNURI Animation

第２シリーズ　第１話　サリバン　原画／杉田葉子

第３シリーズ　第１話　バチコ　原画／樋口靖子

第２シリーズ 第12話　オペラ　原画／吉開順子

✦ 制作スタッフ ✦

装丁・本文デザイン・DTP	里信亜沙子（クウ）
監修・制作協力	西山玲央奈（秋田書店）
	宮本未来／小原早織／加藤文智／丸山千尋／高橋夏海
	(NHK エンタープライズ)
	バンダイナムコピクチャーズ
編集	斉藤優己
ライター	阿部友紀
	水葉龍弥
校正	佐藤ひかり
編集長	後藤憲司
副編集長	塩見治雄
担当編集	石井 大

✦ アニメ「魔入りました！入間くん」シリーズ ✦

原作コミックが累計1,200万部を突破した西修のファンタジー。頼みごとを断れない、お人よしの少年・鈴木入間が、ひょんなことから魔界の大悪魔・サリバンの孫になってしまった！　しかも、溺愛され、サリバンが理事長を務める悪魔学校へ通うことに。悪戦苦闘しながらも友達を作ったり、さまざまな試練を乗り越えて成長していく人気作。これまで3シリーズにわたってTVアニメとして放送されてきた。また、舞台化が決定しており、2023年5月には「魔入りました！入間くん」THE STAGEが開演される予定だ。

アニメ「魔入りました！入間くん」オフィシャルファンブック

2023年4月1日　初版第1刷発行

編集	MdN 編集部
発行人	山口康夫
発行	株式会社エムディエヌコーポレーション
	〒101-0051　東京都千代田区神田神保町一丁目105番地
	https://books.MdN.co.jp/
発売	株式会社インプレス
	〒101-0051　東京都千代田区神田神保町一丁目105番地
印刷・製本	株式会社広済堂ネクスト

Printed in Japan
© 2023 MdN Corporation. All rights reserved.
©西修（秋田書店）／NHK・NEP All rights reserved.

本書は、著作権法上の保護を受けています。著作権者および株式会社エムディエヌコーポレーションとの書面による事前の同意なしに、本書の一部あるいは全部を無断で複写・複製、転記・転載することは禁止されています。

定価はカバーに表示してあります。

【カスタマーセンター】
造本には万全を期しておりますが、万一、落丁・乱丁などがございましたら、送料小社負担にてお取り替えいたします。
お手数ですが、カスタマーセンターまでご返送ください。

落丁・乱丁本などのご返送先
〒101-0051　東京都千代田区神田神保町一丁目105番地
株式会社エムディエヌコーポレーション カスタマーセンター　TEL：03-4334-2915

書店・販売店のご注文受付
株式会社インプレス　受注センター　TEL：048-449-8040／FAX：048-449-8041

内容に関するお問い合わせ先
株式会社エムディエヌコーポレーション
カスタマーセンター メール窓口
info@MdN.co.jp

本書の内容に関するご質問は、Eメールのみの受付となります。メールの件名は「アニメ『魔入りました！入間くん』オフィシャルファンブック 質問係」とお書きください。電話やFAX、郵便でのご質問にはお答えできません。ご質問の内容によりましては、しばらくお時間をいただく場合がございます。また、本書の範囲を超えるご質問に関しましてはお答えいたしかねますので、あらかじめご了承ください。

ISBN978-4-295-20504-3　C0076